Jeanne Ruland

El oráculo de los animales de poder

Un compañero imprescindible para el día a día

Jeanne Ruland

El oráculo de los animales de poder

Un compañero imprescindible para el día a día

Ilustraciones de Murat Karaçay

www.edaf.net

MADRID - MÉXICO - BUENOS AIRES - SANTIAGO

2022

PRINTED IN SPAIN   IMPRESO EN ESPAÑA

COFÁS

Este oráculo ofrece una inestimable compañía tanto en el día a día como en ocasiones especiales. El set está compuesto por 64 cartas; en 63 de ellas están representados determinados animales. También hay una carta en blanco en la que cabe lugar para cualquier posibilidad.

Este set de cartas guarda relación con el libro *El oráculo de los animales de poder*, pero es independiente de él. Por motivos técnicos, no se ha podido dar cabida aquí a todos los animales que se describen en el libro.

Esta guía te servirá de introducción para saber cómo actúa el poder de los animales. Además, también te permitirá conocer de qué modo utilizar de forma práctica este poder. Naturalmente, cada una de las 63 cartas, así como el mensaje que contienen, están descritos de una forma breve de modo que puedan ayudarte. También te explicarán cómo usar la carta en blanco.

Tu animal de poder te dará valor, fuerza y confianza para poder recorrer el camino, que conoces en tu interior, desde tu propio corazón.

Índice

Introducción al set de cartas

¿Qué son los animales de poder?

Los *animales de poder* son espíritus buenos, maestros e intermediarios con los mundos espirituales. Están a nuestro lado, nos guían y ayudan, nos curan, nos sostienen y nos protegen, nos acompañan fielmente y comparten con nosotros sus cualidades y capacidades para que podamos superar determinadas situaciones de nuestra vida.

La expresión *animal de poder* es conocida principalmente en el entorno chamanístico, donde a nivel espiritual se sigue trabajando activamente con ellos. Para los chamanes se trata de compañeros esenciales; para nosotros son aliados espirituales que nos acompañan en el «otro mundo» y que tienen cualidades, aptitudes y dones especiales. En todas las culturas se puede observar la estrecha relación que hay entre animales y personas. Los aliados animales les dan a las personas poderes, características y cualidades que las ayudan a sobrellevar sus vidas.

Podemos llamar a nuestros animales de poder para cualquier asunto de nuestra vida. Son buenos consejeros tanto para cuestiones personales, de trabajo o de pareja, como de salud, dinámicas de grupo y demás. La mayoría son sanadores, acompañantes y mensajeros; sin embargo, cuando en el nivel espiritual aparecen de una forma oscura y sombría, puede ser un indicio de un trastorno físico o psíquico.

Murat Karaçay, ilustrador de estas magníficas cartas, y yo deseamos que a través de este set de cartas, tu aliado animal pueda hacerte llegar un mensaje importante desde el reino espiritual.

Aplicación

A través de cada una de las cartas fluye una determinada energía. Esta viene hacia nosotros, aun cuando parezca que somos nosotros los que la hemos elegido. Lo mismo sucede con los animales de poder: son ellos los que nos buscan a nosotros y no al revés. Nuestro animal de poder transmite un mensaje, una energía y una cualidad a nuestra vida que nos ayuda a enderezarla de una forma saludable y feliz.

Antes de extraer una carta, tómate un tiempo para reflexionar. Puedes encender una vela y permanecer en silencio y meditar.

¿En qué situación se encuentra tu vida en este momento? ¿Qué cuestiones te preocupan? ¿Qué desearías solucionar? ¿Qué te gustaría resolver? ¿Qué te está afectando en el fondo de tu corazón? Tal vez, solo quieras saber cuál es tu animal de poder. Formula la pregunta. Cuanto más claro lo tengas en tu interior, más intensamente le llegará a tu corazón el mensaje de la carta. Cuando hayas extraído una carta, deja que esta actúe durante algún tiempo. Pregúntate qué cualidades representan a ese animal que se te ha mostrado y hasta qué punto pueden serte útiles y de ayuda en tu vida.

Trabajar distintos caminos con las cartas

Podemos viajar al son del tambor y dejar que el animal de la carta nos hable. De este modo recibimos un mensaje completamente personal en nuestro corazón que nos guía a lo largo de nuestro camino.

O también podemos meditar sobre él. Cuando meditamos sobre el mensaje que nos envía una carta, podemos alterar el motivo y hacer que salgan a la luz nuevos aspectos. Esto es una buena señal, ya que así liberamos el poder del corazón y permitimos que nuestra propia energía fluya hacia nuestro interior. Deja que la carta te hable. Deja que su energía se independice y comience a tener vida propia.

Además, podemos consultar en distintos libros sobre los animales de poder el significado del animal y el poder que nos transmite. No obstante, también podemos decantarnos por las explicaciones que hay en este librito y utilizarlas como oráculo para nuestra situación actual. La interpretación de la carta que hemos sacado surge del poder que un animal puede trasladarnos. La carta nos da la explicación. De ese modo nos hacemos una idea concreta de las cualidades, la capacidad y el poder de animal.

También puedes preguntarte: ¿Qué elemento representa a este animal (tierra/materia, fuego/energía, agua/emoción, aire/espíritu)? ¿Qué capacidades y cualidades tiene? ¿Qué relación guardan estas con el momento actual de mi vida?

Las afirmaciones son frases que nos ayudan a liberar el efecto de la energía del animal. Son como la llave de la puerta que nos conduce hacia un determinado poder que hemos invitado a nuestra vida y al que podemos darle voz. Deberíamos repetir las frases clave para la carta en cuestión tanto como sea posible. De esta manera aportamos una cualidad determinada a nuestra vida y la hacemos nuestra en cierta medida.

Podemos trabajar con un animal y su poder durante un largo periodo de tiempo o bien una única vez. Una vez que hayamos integrado en nuestra vida su energía y sus cualidades lo notaremos. Tú mismo eres el poder de la carta.

Las **cartas** de los animales de **poder**

1
Águila
Yo elevado

Significado de la carta

Tu llamada ha sido escuchada. Obtienes consejo para un asunto. Conecta con el poder de tu yo elevado y percibe cómo todo va a cambiar a mejor a partir de ahora. Observa todo desde la perspectiva del águila. Esta es libre, amplia e ilimitada para que se te ofrezcan infinitas posibilidades y caminos.

Explicación

El águila vuela en círculos sobre tu vida para protegerte, darte fuerzas y que creas en la dirección divina. Te envía la señal de que a partir de ahora todo va a ir bien. Te aporta éxito, justicia y victoria en un asunto.

Considera tu situación actual con sus tareas y exámenes como una pequeña carga. Levántate, di «sí» a la tarea que se te presenta. Elévate hacia el cielo, observa aquello que te preocupa desde una nueva perspectiva más amplia y relevante. Deja que desparezca todo pensamiento que te limite y confía en el guía divino. Un nuevo poder ha tomado forma en ti.

Percibe cómo todo va a cambiar a mejor de ahora en adelante y abandónate al poder del águila que te acompaña a partir de ahora. La verdad se abrirá ante tus ojos. La luz del sol y de la conciencia está ahora contigo.

Afirmación

«La voluntad divina actúa a través de mí, que así sea. Me abro y confío en el guía divino para mis asuntos. ¡Ahora!».

Significado de la carta

Una situación se desarrolla de la mejor manera y encuentra estabilidad. El trabajo y el cansancio en un determinado asunto han merecido la pena; tu maravillosa calidad se pondrá de manifiesto y será coronada con éxito. La fuente divina te guía, los poderes luminosos están contigo. Ellos te protegen y están a tu lado.

Explicación

El alce aporta protección y guía. Ahora, nuevas fuerzas y capacidades mediante las que se puede llegar a resolver una situación encuentran su expresión. El éxito se hace visible. Acuérdate de las indicaciones de la fuente. El alce te invita a que te alíes con tu sabiduría interior (con Dios, la fuente, los ángeles, los ayudantes espirituales) y establezcas contacto con ellos.

Tómate un tiempo, escucha el mensaje en tu interior. En la estrecha conexión entre el cielo y la tierra que confluye en ti surgen el poder, la estabilidad y la fuerza para tomar las decisiones correctas, encontrar soluciones saludables y desarrollar una calidad de vida. Te aman, te guían y te protegen; cuando no sepas cómo continuar ábrete y pon la situación en manos del guía divino. El poder se desarrolla en el diálogo interior. Escucha las señales que te envían.

El alce te recuerda que no debes ser demasiado serio ni rígido, que debes permanecer tranquilo y observar la vida desde una perspectiva más amplia y también, de vez en cuando, mirarla con una gran dosis de humor. Por eso te enseña que, algunas veces, menos es más. Concéntrate en el siguiente paso a seguir.

Afirmación
«La fuente divina me guía. Llevo conmigo el poder del cielo y de la tierra, éste carga mi campo de luz, brillante, luminoso y radiante».

3
Araña
Creatividad

Significado

La red de la vida te abastece y te sustenta; estás integrado en ella. Toma el hilo de tu vida y aprende hilarla y manejarla. De este modo podrás liberarte todos los enredos. Es hora de que conozcas la luz en la oscuridad y de que veas el verdadero potencial de tu poder. Experimentarás una libertad inesperada y nuevas posibilidades se abrirán ante ti.

Explicación

La tejedora del destino ha surgido en tu vida para recordarte que estás en conexión con todo. Todo tiene su lugar en la gran red. Cada vida es un hilo que teje el destino del mundo.

La araña llega a tu vida y con su lado femenino te pone en contacto con el silencio en el que se manifiestan las visiones; con la oscuridad en la que se tejen los sueños y las visiones; con los vínculos que nos unen de forma inconsciente y decisiva y que, no obstante, podemos modificar y eliminar; con los presentimientos y nuestros antepasados; con el poder de los sueños, de la intuición, de la percepción aguda, la observación interior y el retiro. El lado femenino que hay en ti desea la salvación y te permite contemplar las cosas desde un ángulo nuevo, lleno de luz y de vida.

Tú ayudas a crear tu vida. Tus sueños, tus visiones, tus palabras, tus sentimientos y tus pensamientos tienen poder. ¿Cómo los empleas? ¿Cómo tejes los hilos de tu vida? Cada vez tienes más ocasiones. Aprende de las viejas situaciones y utiliza las nuevas oportunidades para tejer tu destino.

Afirmación
«Tejo mis visiones y sueños y los llevo al mundo».

4

Ardilla
Comunicación

Significado de la carta

La ardilla viene para decirte que se alegra de verte y que eres bienvenido. Abre tu corazón con alegría para encontrarte con el mundo. Libérate de los miedos y de las preocupaciones del pasado que todavía te torturan algunas veces. Se acabó. Hay alguien que te cuida. Deja que tu alegría, tu buen talante y tu amor por las pequeñas y grandes cosas de la vida iluminen el mundo.

Explicación

Algunas ideas y viejos sentimientos del pasado siguen habitando en el templo de tu alma. No obstante, entre tanto, tú has aprendido muchas cualidades nuevas. Ahora puedes elegir: la ardilla te ofrece la posibilidad de aprovechar el momento y las muchas posibilidades y caminos que se abren ante ti.

Abre los ojos y mira a tu alrededor. Todo está listo. Descubre las posibilidades y los caminos que hay a tu alrededor. Observa las cosas con atención como si fuera la primera vez que las vieras. La ardilla te aporta la audacia para probar cosas nuevas y contemplar las cosas desde otra perspectiva. Ella tiene la capacidad de romper nueces y, con ella, te ayuda también a ti a resolver problemas complicados con facilidad. La solución llegará ahora.

La ardilla te muestra cómo, después de sopesarlo, puedes encontrar el camino, la manera de actuar o la palabra adecuada. Te aporta un cambio fructífero y éxito en los grandes y pequeños asuntos de la vida. También te dice: preocúpate de vez en cuando de ti mismo, concédete algo bueno. Mantén reservas de las que puedas echar mano en momentos de necesidad. Así reunirás fuerzas. Escucha a tu interior; en él encontrarás tu cualidad única: enfréntate a la vida lleno de alegría y sin miedo.

Afirmación
«Cuidan de mí. Confío y sigo mi intuición».

5
Ballena
Reconexión

Significado de la carta

La tranquilidad llega a la vida. Asiéntate en ti mismo. Tu maestro, tu sanador, aquel que te reconforta y protege, y tu poder están listos dentro de ti. Cuando estás seguro y bien afianzado en ti mismo puedes ser quien tú quieras. Tu hogar está en todas partes; en ti. Una vez llegas ahí puedes sentir la conexión con todo lo que te rodea.

Explicación

¿Dónde te encuentras en casa? ¿Cuál es tu punto de apoyo? ¿Por qué tratas de imponer tu voluntad en lugar de dejar que las cosas sigan su curso? Una y otra vez rebotas contra ti mismo. No porque quieran hacerte daño, sino porque preguntas por tu hogar, la fuente del ser. No busques el ancla en el mundo exterior porque este está sujeto a fuertes vaivenes y cambios.

El canto de la ballena llega hasta ti para recordarte que es dentro de ti mismo donde se encuentra tu hogar. En ti puedes encontrar todo lo que necesitas para descubrir la sabiduría, la curación, la fuerza, el amor y la seguridad.

Cuando estás contigo mismo, puedes dejar que el mundo sea tal y como es, aceptar los cambios cuando lleguen y sentir que estás respaldado en el océano de este mundo. A veces en lo más profundo, a veces en la superficie. Todo sigue el ritmo cósmico y está sujeto a él.

Quien ha encontrado su hogar dentro de sí mismo puede ser quien se proponga; siempre tendrá confianza para todo lo que desee. Encuentra su melodía, su ritmo en armonía con el del cosmos.

Regresa al estómago de la ballena y deja que se produzca el cambio. Requiere su tiempo. En el silencio te darás cuenta de cómo el campo te sostiene y todo sucede en el momento y lugar adecuados.

Afirmación
«Dentro de mí estoy en casa. En mí encuentro todo lo que necesito. Hágase la paz y el silencio, sé que Dios está conmigo».

6

Búfalo/Buey

Plenitud, constancia

Significado de la carta

La confianza y la seguridad son las virtudes para una base estable. Afiánzate en ti. Si estás en paz contigo mismo y eres perseverante en tus objetivos, cosecharás el éxito. El búfalo y el buey te ofrecen resistencia y paz interior para conducirte a la plenitud.

Explicación

El búfalo y el buey te ofrecen resistencia y perseverancia. Bajo su dirección se continuará y llevará a cabo algo que en su día se empezó de modo que pueda tener éxito. El búfalo y el buey te muestran cómo encontrar y mantener la paz dentro de ti, independientemente de las circunstancias del momento. Dirigen tu atención hacia el interior para que puedas afianzarte en ti mismo, tener fe en ti y orientarte, aun cuando te muevas en grupo.

El búfalo y el buey te obsequian con un infalible sentido de la orientación para que encuentres el camino correcto en la vida. Te conceden esa porción de tozudez que, de vez en cuando, es necesaria para que puedas seguir tu instinto y no te distraigas continuamente con lo que te rodea. Para ello también resulta de gran ayuda no perder el sentido de la comunidad.

El búfalo y el buey te cuidan y te muestran tu propia riqueza, tus capacidades y tu talento para que contribuyas con ellos a este mundo. La plenitud y la riqueza las encuentras primero en ti mismo; céntrate en ello. Podrás cosechar aquello que siembres. Estás aquí para encontrar el camino hacia la paz y la plenitud.

Afirmación

«La paz y la orientación adecuada comienzan en mí. La abundancia y la plenitud se me ofrecen. Sigo mi destino con perseverancia. ¡Ahora!».

7

Buitre/Cóndor
Conocimiento mágico

Significado de la carta

Una vieja aflicción llega a su fin. El pasado puede corregirse. Vas a obtener ayuda en todos los niveles. Vínculos que te mantienen maniatado e influencias perturbadoras desaparecerán para siempre. Prepárate para liberarte del pasado. Nuevas puertas se abren ante ti.

Explicación

El buitre o el cóndor llegan a tu vida y te muestran que estás camino de eliminar las viejas aflicciones. Deja que todo aquello que no esté en armonía desaparezca. Todo lo que no sientas que sea auténtico y esté en absoluta consonancia contigo no te pertenece. Se trata de viejas ataduras, adherencias, lazos, juramentos, cargas, promesas, maldiciones, patrones y comportamientos que en alguna ocasión creaste porque en ese momento estaban en armonía con tu plan espiritual. También pueden ser cosas que otros esperaban de ti, pero que tú no sentías en tu interior.

Te encuentras en la espiral ascendente de tu vida. Deja atrás las viejas cargas pesadas. Cuando haya algo en tu vida que no deje que te liberes y que se aferre a ti, estate preparado para dejar que actúen los poderes elevados. Ellos te conducirán de forma infalible hacia el camino de tu felicidad.

El buitre y el cóndor te dan el permiso y las fuerzas para transformar y resolver aquello que necesites. Las viejas dolencias se curan ahora de una forma que no puedes ni imaginar. Te mereces ser feliz porque eres una maravillosa y única creación de la existencia divina. Prepárate para confiar en el guía divino y déjate llevar.

Afirmación

«Estoy listo para dejar marchar el pasado y tomar las riendas de mi felicidad. A partir de ahora y para siempre declaro nula e inválida toda vieja promesa, carga, maldición, lazo y voto. Las arrojo a las llamas de la transformación y me concedo una vida de armonía, felicidad, libertad y plenitud».

8
Burro
Obstinación

Significado de la carta

Tienes la oportunidad de dejar marchar el pasado y seguir el camino que te marca tu instinto. Tus deseos van a suceder tal y como los habías planeado. Sin embargo, son los poderes elevados llenos de amor los que los dirigen con sabiduría para el bien de todos. No obtener lo que uno desea puede suponer una gran suerte. Déjate llevar, abandónate y confía. La sabiduría y la gracia divina están contigo.

Explicación

El burro se cruza, tiene sus propias cosas en la cabeza y sigue su propio camino. Imita de forma burlona tu comportamiento actual. Quiere que te des cuenta de cómo te aferras a las cosas que pueden hacerte daño. Lo intuyes, pero no quieres darte cuenta.

Cuando las cosas no van según lo planeado puede ser que se deba a que, tal vez, no somos capaces de entender nuestro propio punto de vista. Quizás, estemos deseando comprar un pasaje para el *Titanic* porque nuestro gran sueño es viajar en ese barco, no obstante, nuestro destino se opone a ello. Siempre hay algo que sale mal, o algo se interpone. Al principio nos sentimos discriminados, tristes y nos enfadamos, pero en algún momento comprenderemos la suerte que hemos tenido.

Párate y observa los sabios ojos del burro; escucha el sabio consejo que desea transmitirte. Querer llevar a cabo algo necesariamente puede provocar infelicidad si no escuchamos las señales de nuestro destino, no hacemos caso a nuestras dudas y no las contrastamos.

Déjate llevar y confía en el guía divino. Toma el camino inusual aunque al principio te resulte complicado y no lo desees. Se optimista, tienes motivos para ello.

Afirmación

«Me dejo llevar y confío. El poder divino me ayuda y me guía. ¡Ahora!».

9

Caballo
Libertad, movilidad

Significado de la carta

Una vez que el alumno está preparado, interviene el maestro. Se anuncia una fase de desarrollo, de autocuración y aprendizaje. Confía en tu propio camino. Tu maestro interior te guía a través de las lecciones de la vida para ampliar tu poder. Prepárate para el viaje del autodesarrollo.

Explicación

El caballo anuncia la llegada del maestro interior que te conducirá con seguridad y que tiene preparadas algunas lecciones para ti. Estás en un momento crucial de tu vida. Todo está cambiando. Debes recorrer este camino tú solo. Se trata de la senda de tu desarrollo personal, de la autocuración, de la autoconfianza y de la madurez interior.

El caballo te enseña a situarte en el aquí y el ahora, a dirigir tu energía y a dejarte guiar. Solo cuando estás en armonía contigo mismo irá la energía que envías en la dirección adecuada. Tú llevas las riendas de tu vida y ahora te toca aprender a conducirla con seguridad en cualquiera de las condiciones que puedan presentarse. Solo quien tiene bien controlada su vida puede formar y guiar a los demás.

Se acercan cambios en tu vida, se presentan nuevas situaciones y tareas que te harán madurar. Ha llegado el momento. Enfréntate a estos desafíos. Tienes la fuerza y las cualidades necesarias para superarlos. Ni los errores ni los obstáculos pueden impedírtelo. Aprende de ellos, prosigue a tu ritmo. Hace falta perseverancia y cautela. Confía en tu propio camino. Te están guiando bien y con seguridad para que sigas el destino de tu vida.

Afirmación
«Tengo plena confianza en el guía divino».

10
Camello
Perseverancia

Significado de la carta

Lleva a cabo tus ideas. Sigue con lo que has empezado; termina los proyectos que iniciaste. Da lo mejor de ti. Te cuidan y guían con seguridad. Los baches y las dificultades no suponen obstáculo alguno para ti. Si no pierdes de vista tu objetivo, podrás cosechar un gran éxito. Tienes la victoria asegurada.

Explicación

El camello te llama hacia la luz que ilumina tu interior; arrodíllate para poder descubrir al guía divino. Sigue la llamada. Con perseverancia y pocos medios puedes conseguir grandes cosas. Los verdaderos tesoros se encuentran dentro de ti. No dejes que la *Fata Morgana* del mundo exterior te deslumbre. Se te envió tu tarea para que la llevaras a cabo y la terminases.

¿Para qué te ha preparado la vida? ¿De dónde provienen nuestros fantásticos impulsos e ideas, nuestros sueños, nuestra repentina inspiración, nuestras misiones y tareas? Las recibimos de la fuente de la existencia. De allí obtienes tu guía interior, te instruyen y conducen. Deja que la fuente cuide de ti.

Tiene más poder del que piensas. La sencillez, la dedicación, la humildad y la confianza albergan un gran poder. Mediante ellas podemos soportar las cargas y dificultades a las que está ligado un proyecto. Nos permiten proseguir nuestro camino superando los baches hasta el final. Al final de nuestro largo camino nos aguardan la recompensa, la alegría, el éxito y la victoria.

Afirmación

«Sigo mi destino y termino lo que he empezado. El poder que me guía y conduce reside en mi interior; deseo que esta fuente mane a borbotones y me abastezca de todo lo que necesito. Gracias».

11

Cangrejo
Purificación, dedicación

Significado de la carta

El poder oscuro del lado femenino de la luna te llama. En la misteriosa sombra de la noche, en la razón primera de tu existencia, hay algo que se pone en movimiento. Ralentiza el paso. Recógete otra vez en lo más profundo de ti. Protege la luz de tu alma. Conecta con tu yo del presente. Presta atención a tus sueños e inspiración. Se anuncian cambios y un crecimiento.

Explicación

Se produce una desaceleración. El movimiento se dirige hacia el interior. Como una oruga en el capullo, te preguntas si quieres ver la luz de este mundo o si deseas morir o seguir viviendo como hasta ahora. Te encuentras en una frase de desarrollo próxima a tu renacer. No hay nada que hacer. Si quieres hacer algo, te costará más energía de lo realmente necesario.
El pasado ya no tiene efecto sobre tu vida; se acabó. Acéptalo. Resígnate a la misteriosa corriente que dirige tu vida. Déjate llevar, desintégrate y deja que se produzca esta fase de purificación. Haz, simplemente, lo que esta situación momentánea exija de ti. Llora, si tienes que llorar. Ríe, si el cuerpo

te pide reír. Sigue lo que se pide de ti sin querer nada por ti mismo. Sirve. Lo que estaba lleno se vacía; lo que habías ganado, ahora se pierde; lo que era activo ahora es pasivo; donde había abundancia ahora hay escasez. Esta fase no es un castigo, sino parte de un ciclo natural de desarrollo. Se bueno contigo mismo. Utiliza esta fase para limpiar y purificar tu espacio, tu cuerpo, tu espíritu y tu alma. Es un tiempo muy valioso. Eres infinitamente amado.

Afirmación

«Me entrego a la fuente divina, la voluntad superior sobreviene en mí, que así sea. Confío, confío, confío. Todo va bien».

12

Castor

El poder de la visión

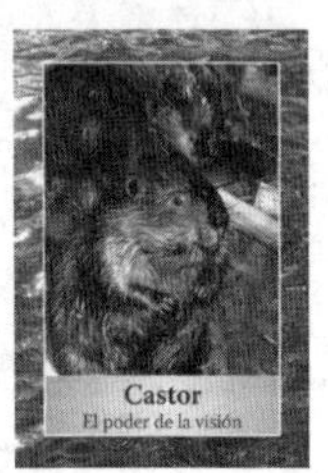

Significado de la carta

El castor te enseña el sentimiento mágico por este mundo. Entre el cielo y la tierra hay más de lo que intuimos. El castor te enseña a prestar atención a tus sueños, visiones y deseos. Son las semillas a través de las cuales la luz llega a este mundo. Tienes muchas posibilidades a tu disposición, utilízalas.

Explicación

El castor te conduce de vuelta a tu mundo interior, el reino de los sueños, las visiones, la intuición y los deseos. Te invita a que percibas los sueños y las visiones, a que te los tomes en serio y vayas tras ellos. Te muestran lo que eres capaz de realizar en tu vida. El poder de conseguir algo nuevo está en tu interior. Tú eres cocreador del gran plan. El castor te aporta confianza en tus cualidades creadoras y te invita a que las aceptes y utilices.

Cuando el castor se te muestra, se trata de una señal especialmente propicia para llevar el propio camino en armonía con el plan espiritual. Como roedor activo capaz de realizar grandes construcciones con creatividad y distintos materiales, así como de trasformar su entorno drásticamente, él te otorga el don de la capacidad de trasformación activa y práctica. Te ayuda a reorientarte en situaciones de transición para que puedas encontrar y vivir el camino de tu alma con ayuda de los poderes que hay entre el cielo y la tierra. Cuando te tomas en serio a ti mismo y destapas tu fuerza creadora, obtienes ayuda y el camino de la realización se te muestra.

Afirmación

«Confío y creo; esto ayuda a que actúen los poderes divinos. Destapo por completo todo mi potencial creativo. ¡Ahora!».

13
Cerdo
Felicidad

Significado de la carta

La felicidad ha llegado a tu vida. Encuentras alegría, paz y realización en tus relaciones. La tierra te abastece de todo lo que necesitas. Te cuidan. Encuentras pequeños y grandes regalos a tu paso. Puedes llevar a cabo grandes cosas con éxito.

Explicación

La felicidad surge. La encuentras en las pequeñas y grandes cosas que te acompañan a lo largo de la vida. Dirige tu atención hacia la felicidad. Puedes hacer esto dando las gracias por todo lo que tienes. A menudo, damos por sentadas muchas cosas y nos sentimos infelices, queremos más. Cuando haces esto, diriges tu existencia hacia la escasez, en lugar de la abundancia.

El cerdo te anima a que te detengas y observes todo lo que tienes, lo que podrías conseguir y veas dónde reside la felicidad en tu vida. Esta no puede lograrse lejos de ti. En tu interior reside la felicidad y el sentimiento de ésta. ¿Cuándo fue la última vez que te sentiste realmente feliz? Conecta con esta sensación. Invítala a tu vida. Celebra tu existencia en la que reconoces lo que has hecho. Observa lo que aún está por llevar a cabo para que puedas realizarlo con éxito.

El cerdo dirige tu atención hacia la plenitud de la vida, hacia la riqueza de la tierra y el abastecimiento a través de la Madre Tierra. Ella está ahí siempre y en cualquier situación. Mira a tu alrededor. Te cuidan. El cerdo te muestra el poder, la belleza y la fertilidad de la tierra. Nos abastece de todo lo necesario.

Afirmación
«Experimento bienestar y plenitud; se muestran en mi vida. ¡Ahora!».

14
Ciervo
Apertura

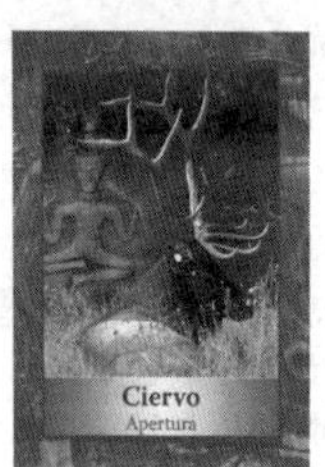

Significado de la carta

Algo se mueve en tu alma. Hace tiempo que quiere ser escuchado y que le prestes atención. Sigue tu instinto y tu olfato para los niveles energéticos de altas vibraciones y confía en ti. El crecimiento y el desarrollo están ante ti.

Explicación

Cuando el ciervo se muestra, aparece el lado sensible de la parte masculina de nuestra alma. Seguir esto requiere a menudo mucho valor y fortaleza, igual que cuando nos damos la mano para cerrar un trato. Se valiente y confía en ti para expresar lo que sientes en el fondo de tu alma.

El ciervo te enseña a utilizar tus dotes de forma activa y a ponerlas en práctica. Te hace ver cuándo es el momento oportuno de hablar alto y claro, cuándo es mejor permanecer en silencio, cuándo es la hora de poner límites y mantener nuestro lugar, y cuándo lo mejor es no mostrar nada en absoluto. No hay por qué tratar de mantener todo el rato nuestro estatus si sabemos cuál es nuestro lugar y conocemos a nuestra verdadera familia.

El ciervo nos muestra nuestro camino en relación con los demás y pone de relieve nuestras verdaderas dotes. Se preocupa de que se diga la verdad, se protejan los poderes del alma y se establezcan límites sin que tengamos que llegar a pelearnos. Dirige nuestra atención hacia nosotros mismos y nos guía a través de nuestro mundo espiritual hacia el verdadero tesoro del alma. La reflexión interior, el retiro, la meditación y la contemplación ayudan al crecimiento de los delicados poderes que hay en nosotros. Nos muestra inequívocamente aquello que causa el respeto, la bendición y el aprecio a nuestro alrededor. Te aprecian y cuidan.

Afirmación

«Confío en aquello que siento en mi interior. Estoy en el momento preciso, en el lugar preciso y hago exactamente lo correcto. Allá a donde voy, allá donde estoy, mis palabras y actos traen curación, luz y alegría».

15

Cisne

Elegancia, belleza

Significado de la carta

La musa te ha besado. Tus auténticas cualidades se desarrollan. Se acabaron los vaivenes. Una nueva esperanza vive en ti. Deja que tu talento se desarrolle y disfruta de la libertad artística con la que has sido obsequiado. El cielo y la tierra se unen. Puedes llevar a cabo tus visiones.

Explicación

Has mirado en el espejo de tu alma y has descubierto, además de las sombras y miedos disimulados, talento, cualidades y belleza. Los antiguos patrones llenos de dudas se han hecho pedazos. Ante ti se abre una fase de limpieza en la que puedes superar el miedo y la tristeza. Estás listo para decir «sí» a ti y seguir el camino que te corresponde. Tienes una forma especial de expresar la belleza de la creación. El mundo se descubre ante ti, vive esta belleza a tu manera.

El cisne refleja sin tapujos el poder luminoso de tu alma. Tu ser es alegría, belleza y baile. Ahora que has descubierto el espejo de las visiones puedes observar en lo más profundo del alma de otras personas y ofrecerles alegría a través del arte, el cual enriquece y fascina a todos. Sal de las sombras; experimenta tu talento, deléitate a ti mismo y a los demás. Expresa tus visiones en este mundo con amor. La vida también es baile, canto, teatro, poemas, arte, colores, sonidos, expresión. Deja que los sueños y las visiones se hagan realidad y siente la magia de la vida actuar a través de ti. El cisne te invita a descubrir la belleza de la vida y a que la expreses a tu manera.

Afirmación

«Soy feliz para siempre; nada puede impedírmelo. Según camino veo belleza ante mí y tras de mí; camino y la belleza rodea todo mi ser».

16
Cobra
Autorresolución

Significado de la carta

El camino real está ante ti. Las puertas hacia el mundo oculto se abren para ti. Se liberan nuevos poderes. Tus cualidades curativas se desarrollan. El abanico de tus posibilidades se abre ante ti. Un gran escudo cósmico te protege.

Explicación

Algunas veces en la vida nos vemos empujados por fuerzas y suceden cosas que no somos capaces de explicar. Una y otra vez nos vemos en situaciones que son completamente distintas a lo que deseamos en lo más profundo de nuestro corazón. Hacemos o nos hacen daño, nos sentimos como víctimas, verdugos, salvadores… una y otra vez en un papel en el que no estamos a gusto.

La cobra viene a tu vida para enseñarte el camino real, la senda de la autorresolución. Éste se encuentra en la reflexión interior, en la soledad con nosotros mismos, en el retiro. Cuando la cobra se muestra significa que ha llegado la hora de visitar la cueva de la iniciación que hay en lo más profundo de nosotros mismos y escuchar la vibración de nuestra melodía original. Allí podemos despertar a nuestra alma de su letargo e iniciarnos en las enseñanzas de nuestros maestros y maestras. De este modo podemos reflejar la imagen de nuestra alma y curar paulatinamente. En lo más profundo de nosotros mismos tenemos la posibilidad de crecer, de reencontrarnos con nosotros y de eliminar las sombras para crear un nuevo campo de resonancia.

Puedes convertirte en el director de tu vida y llevar a cabo la obra que desees para tu vida. La cobra te ofrece un poderoso escudo protector bajo el que estar seguro, incluso en los momentos más difíciles de tu vida. Guiado por la cobra, conocerás los diferentes colores de tu alma. Se produce la curación. El maestro despierta en ti.

Afirmación
«Todo lo que sucede en mi vida es por mi bien. Experimento una profunda curación. ¡Ahora!».

17

Cocodrilo
Transformación

Significado de esta carta

Los miedos y los bloqueos que has tenido hasta ahora, a amar a confiar, a aceptar, a tener una vida plena y compartirla, pueden superarse ahora de una vez por todas. Las heridas más profundas se curan. Tu poder de autocuración se activa. La gracia divina está conmigo. Tus proyectos serán productivos.

Explicación

Tu estrella ha bajado del cielo. Estás preparado para dar el gran salto hacia lo desconocido. Desde el fondo de tu alma y de forma insospechada se liberan antiguas sombras que amenazan con engullirte. Ha llegado el momento de que superes los últimos obstáculos y te deshagas de los antiguos miedos, las cargas kármicas, las ataduras y los bloqueos.

El cocodrilo surge desde lo profundo de tu ser y toca tu vida. Ahora tienes todo el poder que necesitas para poder superar este momento de tu vida de una forma estupenda. Permanece tranquilo y atento. Observa la situación y déjate guiar por tu «yo» presente. Llama al poder de la luz.

No te lamentes ni te quejes. No te apoyes en los demás. Aúna todo tu valor, mira bien lo que hay que hacer y permanece en conexión contigo mismo. De este modo, seguro que podrás cruzar las peligrosas aguas hasta una nueva orilla sin hacerte daño y sin hacérselo a los demás. Permanece inmóvil durante un tiempo como un muerto, déjate llevar, las viejas cosas se irán transformando. Es por tu bien.

Con el cocodrilo como animal de poder estás en disposición de eliminar las cargas kármicas de otras personas y activar un gran poder curativo. También podrás ajustar de nuevo campos energéticos y realizar con gran éxito tu aportación a la humanidad.

Afirmación

«Soy libre, libre, libre para siempre. El fuego violeta arde; arde en el interior, a través y alrededor de cada electrón y transforma cualquier vibración sin armonía en luz hasta que esté en consonancia con el plan divino».

18
Colibrí
Frecuencia cardiaca

Significado de la carta

Los mensajeros de la mañana se anuncian. El corazón se abre, la vibración de este se eleva. El alma se cura. Transformas tu interior en un lugar de armonía. La joya que hay en tu corazón comienza a brillar y te envía experiencias dichosas.

Explicación

Tu corazón está desarrollando su luminosidad espiritual. Te encuentras en un cambio de paradigma. Es imprescindible que seas sincero contigo mismo y con tus sentimientos. Di «no» si es lo que sientes, di «sí» si tu corazón dice «sí». Observa siempre con atención cada paso que das a lo largo del camino. Las pistas para el siguiente paso a dar las encontrarás siempre en tu corazón.

El colibrí te aporta el talante encantador y cálido que te permite prepararte de una manera sencilla para los desafíos de la vida. Te muestra cómo recorrer tu camino con alegría y pasión de una forma activa y lúdica.

Date una y otra vez tiempo para escuchar a tu corazón. Recapacita sobre las decisiones que has tomado, bien por miedo, vergüenza, obligación, o bien por un sentimiento de culpa. Medita al llegar el final del día sobre las oportunidades que te ofrece el nuevo día. Conecta con el guía divino que hay en tu interior. Deja que la luz divina te llene. De este modo, tenderás un puente entre la razón y el sentimiento, entre lo cotidiano y lo espiritual y darás un salto hacia un nuevo nivel de experiencia. La luz, la nueva consciencia llegará a este mundo a través de ti. Ha llegado el momento. Ábrete.

Afirmación

«Abro mi corazón. El amor fluye allá donde quiere. ¡Ahora!».

19
Coyote
Sabiduría del bufón

Significado de la carta

Se anuncian acontecimientos imprevistos. Hay factores que están actuando en tu vida que no puedes calcular ni controlar de forma voluntaria. Las cartas se barajan de nuevo; nada sigue siendo como es. Relájate, déjate llevar por lo que suceda y confía. Nuevo juego, nueva suerte. Cualquier pérdida puede significar un gran provecho. Se te ofrecen nuevas posibilidades.

Explicación

Tu poder natural desea desarrollarse; es el poder de tu alma. Sin embargo, esto no sucede tal y como tú imaginas y deseas, sino como debe ser. Algunos poderes pueden desarrollarse cuando estamos preparados para dejar ir y eliminar las sombras que hay en nosotros. Confía, te guiarán con seguridad. Todo tiene su exactitud.

Con frecuencia, puede suceder que no reconozcamos la verdadera magnitud de una situación en la que nos encontramos. No tengas miedo a cometer errores y no dudes tampoco a la hora de dejar algo tras de ti de vez en cuando. Has de estar preparado para mirar en el espejo de tu alma sin juzgar, reprimir ni ocultar aquello que veas, y sigue a tu ritmo.

El coyote te ayuda a seguir tu intuición y a escuchar la voz de tu interior, incluso cuando tienes la sensación de estar prestándole atención suficiente y de estar contentándote con un simple aperitivo. La felicidad, la paz y la libertad empiezan en nuestro interior. El coyote te provoca los desafíos del pasado. Con su ayuda puedes decir adiós a los viejos patrones que se han convertido en costumbres y de las cuales nos hemos encariñado. Has experimentado lo hermoso que es ser libre y seguir tu intuición, poder respirar hondo y no tener que doblegarte más. En este momento debes darle las gracias de corazón a tu amigo el coyote. Has sido obsequiado de nuevo con tu vida.

Afirmación

«Sé y confío en que lo que sucede es siempre lo mejor para mí y mi bienestar».

20

Cuervo

Magia

Significado de la carta

Llega hasta ti una llamada hace largo tiempo enviada por tu alma. Algo en tu interior va a ser escuchado. Escucha el mensaje y presta atención a las señales. Debes crecer y continuar. Un nuevo periodo se abre ante ti. Se anuncian cambios. No valores la nueva situación como «bien» o «mal», sino acepta lo que la vida quiere ofrecerte. Te despertará.

Explicación

La llamada de tu alma pidiendo un cambio ha sido escuchada. Detente y escucha el mensaje que tu alma tiene para ti. Agudiza tus sentidos. Afina el oído. Pide que te dé señales e indicaciones.

¿Qué es lo que te acompaña desde hace tiempo? ¿Qué patrones aparecen una y otra vez e impiden que lleves a cabo tus planes y visiones? ¿Qué es aquello que impide que tu luz pueda brillar libremente? ¿Qué ataduras limitan tus capacidades? ¿Con qué aspectos de tu vida no estás en armonía? ¿Qué hay que todavía merezca la pena llevar a cabo?

El cuervo, la corneja, la urraca o cualquier otro córvido aparece en tu vida para que puedas eliminar las sombras de tu vida, recuperar partes de tu alma perdidas, guiarte y darte fuerza y poder. Como animal del oráculo, él acepta lo que viene. No trata de disimularlo ni de ocultarlo, sino que acepta las cosas tal y como son. Entregarse al destino, capitular y prestar atención a las señales puede mostrarnos el camino hacia nuevos conocimientos y eliminar las ataduras. Levanta las velas al viento y ayúdate a ti mismo. Ahora recibirás todo lo que necesitas para hacer saltar por los aires las viejas ataduras y vivir tu vida felizmente.

Afirmación
«Todo lo que sucede en mi vida es por mi bien».

21
Delfín
Alegría de vivir

Significado de la carta

Con el delfín a tu lado los asuntos se resuelven con asombrosa facilidad. El delfín te anima a jugar con su carácter amoroso, a disfrutar y a ser feliz. De este modo logras una vibración elevada y encuentras una respuesta saludable. El flujo de energía se reinstaura.

Explicación

Observa aquello que te hace disfrutar y te da alegría: la música hermosa, bailar, cantar, pintar, salir a pasear, quedar con los amigos… Si nuestros sentimientos están de nuevo en sintonía con la alegría que nos da la vida, también las circunstancias cambiarán. ¡Sencillamente porque habremos cambiado nuestra actitud!

El delfín aparece ahora en tu vida para mostrarte la belleza de la comunicación. Tenemos muchas formas de expresarnos y de volver a llevar la armonía a cosas que ahora mismo se encuentran descontroladas en nuestra vida. Déjate inspirar, di sin palabras y con inmensa alegría lo que deseas decir, escríbelo en el aire, imagínate la armonía… Hay multitud de formas creativas de comunicarse.

El mundo espiritual te ama infinitamente, te guía y te protege. Los delfines, que actúan como ángeles del mar, te dan una señal de que todo va bien y encuentra el camino correcto. Te envían melodías curativas y te invitan a perdonar, a permitir que las heridas sanen, a empezar de nuevo, a experimentar la compasión, a amar y a hacer algo por el prójimo de forma incondicional. Confía en su poder y déjate guiar por ellos. Dirige de nuevo tu mundo interior hacia la felicidad, la diversión y la armonía, y vive junto a los demás en una comunidad a la que contribuyes de forma consciente.

Afirmación

«Soy luz y amor; ¡ahora! Soy la luz divina que resplandece, me llena, inspira y renueva. La frecuencia del amor brilla a través de mí hacia el mundo».

22

Dragón
Liberación

Significado de la carta

El dragón te envía el mensaje de que las fuerzas vitales se han renovado y has entrado en un nuevo círculo de poder. Es posible que no seas capaz de reencontrarte en medio de este cambio y tengas la sensación de no saber a dónde vas. Sin embargo, el guía divino está contigo; céntrate, se fuerte, deja que suceda y confía. Utiliza este inmenso poder al igual que un surfista utiliza el poder de la ola en su favor. Ve con él, en lugar de contra él.

Explicación

El dragón anuncia que tu vida va a experimentar una renovación fundamental. Empiezas a desarrollar tu verdadero potencial, se manifiestan nuevos aspectos maravillosos y formidables. Este poder renovado que has desarrollado en tu interior quiere conducirte por el camino correcto.

El dragón te aporta el lado mágico de la vida. Te enseña tu poderoso potencial, el cual está asociado a la atención y al respeto por la creación, así como los conocimientos para desarrollar la capacidad para ser cocreador. Tú sabes que creas tu realidad y que, por tanto, estás en disposición de cambiarla.

Utiliza el poder que te otorga el dragón para utilizar y dirigir de forma adecuada la fuente de poder inagotable y el potencial que hay en ti. Con tan solo un poco de esfuerzo y concentración puedes construir un gran campo de fuerza. El dragón te conmina a controlar el poder que hay en ti. Te da resistencia, protección y conocimiento para dominar tu energía. Aprende a montar sobre el dragón.

Afirmación

«Asumo todo el potencial que hay en mí y desarrollo mi poder. ¡Ahora!».

23
Elefante
Sabiduría

Significado de la carta

El elefante se presenta en tu vida para anunciarte que todos los obstáculos a lo largo de tu camino han sido eliminados. Él te da fuerzas, ayuda y apoyo. Te cuidan; tus proyectos van a salir bien. Hay estabilidad y alegría.

Explicación

El elefante te abre camino a través de la maleza de la vida para que puedas seguirle. Elimina los obstáculos y aporta éxito y suerte a todos los asuntos. Por un lado, te da una naturaleza robusta y estable y, por otro, una gran sensibilidad hacia tu entorno para que tengas muchas posibilidades a la hora de proceder. Con su comportamiento cariñoso y social te envía paz interior y buenas relaciones sociales.

Ocupa el lugar que debes desempeñar en la sociedad. Muestra cariño hacia los demás y trata de no compararte con ellos. Eres único. Reconoce cuáles son tus puntos fuertes y tus cualidades. Recuerda tu paz interior y descubre la belleza de los momentos únicos que has tenido. De este modo, tu liderazgo interior crecerá, así como el poder para seguirlo. Con cautela y cabeza puedes reconocer todas las posibilidades que tienes para actuar en un determinado momento y emplearlas con paz en el corazón. Tienes a un sabio consejero a tu lado que anuncia cosas grandes para ti. Tu situación se volverá estable y sólida.

Afirmación
«La felicidad, el éxito y una larga vida me acompañan. El camino está libre. ¡Ahora!».

24
Fénix
Resurrección, transformación

Significado de la carta

Al final del túnel está la luz. Un viejo ciclo se acaba. Te has liberado de las circunstancias que te ataban y los hábitos que te limitaban. Arden en el fuego transformador de tu corazón. Surges de las cenizas para saludar al nuevo día; libre, rejuvenecido, libre de preocupaciones. Ríe y se feliz porque la luz del espíritu que vive ha vuelto a nacer en ti.

Explicación

Todo tiene su momento. Cuando aparece el brillante Fénix significa que estás en el punto de inflexión de tu vida. Una fase, un ciclo ha llegado a su fin o se acerca a él. Todo aquello que no te pertenece en verdad, paz y amor desaparece de ti. Puede que al principio te duela, pero al final te hará libre.

Déjate llevar y abandónate al fuego transformador en el que todo lo pasado puede arder y se trasforma en esencia espiritual. El Fénix es un ave especial. Anuncia una gran ayuda en el reino espiritual. Cuando está contigo, sabes que los ángeles te han bendecido y que las fuerzas buenas están contigo.

El Fénix trae de vuelta el conocimiento mágico tradicional. Con sus lágrimas cura viejas heridas, hace renacer los ánimos y cambia las cosas para mejor. Él te enseña a fortalecer tus poderes y tus cualidades positivas y te anima a proseguir y transformar las cosas que encuentres a lo largo del camino.

Mira hacia adelante y observa el siguiente paso que has de dar para tu desarrollo. Acuérdate de tu guía espiritual y de la fuente que hay en ti. Aquí encuentras todo lo que necesitas. Mantén los ojos bien abiertos ante el nuevo día que surge ante ti. Se anuncian nuevas maravillas. La salida hacia un nuevo ciclo está delante de ti. Prepárate.

Afirmación

«Dejo que mi luz interior ilumine y resplandezca en el mundo con vitalidad, alegría y facilidad. Reconozco la clara y brillante luz de la creación en las pequeñas y grandes cosas».

25

Foca

Autoconfianza, salvación

Significado de la carta

Ábrete a lo más profundo de tus sentimientos. Tu lado femenino, delicado, cariñoso y compasivo desea que le prestes atención. Los desengaños, traiciones y abusos de confianza del pasado se resuelven. Tu ser desea desencadenarse y ser libre. Tómate tiempo para ti mismo, presta atención a tus propias necesidades y ve tras ellas.

Explicación

¿A veces te resulta difícil sonreír ante las exigencias del mundo exterior? ¿No hay algo que en el fondo te falta, a pesar de que exteriormente tienes todo lo que necesitas y la felicidad parece acompañarte? ¿No hay una cierta tristeza, una pesadumbre que te sobreviene en tu habitación cuando estás en silencio y que no sabes explicar? Hay muchas personas que están ahí para ti y que te escuchan. Sin embargo, ¿escuchas tú el silencio de tu alma?

La foca aparece porque tu lado femenino e intuitivo desea que le prestes atención. Las antiguas decepciones que soterraron tu confianza desean resolverse. La foca te anima a que acudas a ti, te ocupes de tus sentimientos y, mediante la introspección, la meditación, la observación de tus sueños y la autorreflexión, resuelvas los viejos abusos de confianza y cures la traición a tu alma. Escucha atentamente al lado tierno, vulnerable y cariñoso de la diosa que hay en ti y sigue sus indicaciones.

La omnipresencia divina vive segura y eternamente dentro de ti. Confía en este poder que te guía de forma infalible y que solo desea lo mejor para ti. Lo divino, la unión completa de lo femenino y lo masculino, no está contra ti. Te ama infinitamente y no desea otra cosa sino que regreses al amor eterno, a la verdad y la paz. Mediante la conexión con esta fuente, con la luz que hay en ti, volverán la autoconfianza y las fuerzas.

Afirmación

«Confío y creo. El poder divino ayuda y sana. La fuente que hay en mí comienza a brotar y manar».

26

Gallo/Gallina

Renovación

Significado de la carta

Hay que hacer un inventario de tu alma. Los sentimientos negativos, las imágenes y pensamientos desean que los observes y que los sustituyas mediante pensamientos positivos, imágenes regeneradoras y una actitud amable hacia ti y hacia los demás.

Explicación

¿Sabías? Nada puede satisfacerte. En todo encuentras algo que criticar. Te decepcionas porque alguien no se comporta como tú esperas. Te atoras con las pequeñas cosas y haces de un grano de arena una montaña. No eres capaz de disfrutar de lo que tienes. En todas partes ves carencias, fallos e inconvenientes. El contacto con los demás no te aporta nada.

La gallina llega a tu vida para mostrarte los demonios y las miserias de tu interior. Una vez los reconoces puedes curar tu interior en tanto dejes de responsabilizar a todo lo que te rodea de la situación en la que te encuentras. Hay algo que desea ser visto y resuelto. Despierta de tu letargo. Percibe tu oportunidad al amanecer del nuevo día. Hazte responsable de tu vida, despierta el sol en ti y comienza a actuar por aquello que es importante. La limpieza aguarda así como la curación de tu campo energético. Revitaliza tu campo energético a la vez que alejas los patrones perjudiciales y construyes imágenes y pensamientos regeneradores para pedir ayuda y protección en el reino espiritual. Obsérvate a ti mismo vivir en armonía y felicidad en consonancia con tus semejantes. Da las gracias por todo aquello que tienes a tu disposición. Cuando se es agradecido se despierta una nueva conciencia. Los deseos se cumplen cuando se dejan a un lado las expectativas.

Afirmación

«Mi campo energético se vuelve cada día más hermoso, fuerte y resplandeciente. Mi luz irradia en el mundo. Me dejo llevar y confío. Empieza un nuevo día. Gracias por las nuevas oportunidades que recibo cada día».

27

Ganso
Fiabilidad

Significado de la carta

Se fiel a ti mismo. Sigue aquello que ha permanecido junto a ti durante mucho tiempo. El fuego se enciende rápido, las relaciones se desarrollan rápido, sin embargo, es en las situaciones difíciles, en el día a día y en la constancia donde se ve quién realmente está contigo. No dejes que el brillo y el glamur del momento te cieguen. Tienes que ver más allá de las cosas. Date tiempo, examina, reconsidera y reconoce cuál es tu verdadera meta.

Explicación

A menudo, confiamos ciega e ingenuamente en palabras, gestos y ofertas que nos dan esperanzas sin saber realmente dónde nos estamos metiendo. Es posible que de este modo estemos destruyendo lo que durante tanto tiempo hemos construido y en lo que tanto hemos trabajado. Sin embargo, aquello que ha estado con nosotros, tanto en los buenos como en los malos momentos, constituye una buena referencia a la que deberíamos honrar y prestar atención, aun cuando se haya convertido en algo cotidiano.

El ganso, como mensajero de la buena suerte, llega a tu vida y aporta una visión profunda y auténtica de las cosas. Los hechos valen más que las palabras. Considera un asunto, una situación cuyos efectos soportes durante largo tiempo. Ahonda en ella. Quítale presión y piensa: lo que es bueno se producirá.

El ganso te lleva a casa y te enseña el bien que te hace confiar en ti mismo y acordarte del fuego curativo de tu corazón, relajarte y contemplar con calma las novedades, integrarlas, y hacer tan solo aquello con lo que tu corazón está en armonía. De este modo despiertas la base, el poder y las fuerzas para llevar a cabo proyectos que, a la larga, te reportaran éxito y alegría.

Afirmación

«La verdad se hace evidente. Veo con claridad y nitidez. Lo que es bueno se producirá. Me dejo llevar y solo espero lo mejor. ¡Ahora!».

28
Gato
Autodeterminación

Significado de la carta

La autodeterminación es el camino hacia la curación. Sigue el camino de tu destino. Haz aquello que anheles. Un emisario del sol y de la luna te trae el poder resplandeciente del ser. En tanto persigas aquello que está en armonía contigo, encontrarás tu lugar. Relájate.

Explicación

Con frecuencia nuestra autoestima depende de los comportamientos de otras personas. Esperamos de ellas reconocimiento, amor, atención, caricias, que alimenten nuestro espíritu, elogios y tememos que nos rechacen. ¿Quién de nosotros no desea ser amado, reconocido, y elogiado?

El gato aparece en tu vida para enseñarte a ser independiente. Libre según el lema: si no puedes estar con alguien al que quieres, ama a aquellos con los que estás. Es decir, a ti mismo. Libérate de las opiniones de los demás. El único poder que tiene sobre ti es el que tú les dejas. El amor empieza por ti mismo. Conócete y acéptate tal y como eres. Hazte un hueco en tu corazón.

Contigo estás en buenas manos. Si no es así, ¡ya es hora de que lo sea! Preocúpate durante un tiempo de ti mismo tal y como harías por los demás. Escúchate. Haz que tu vida sea cómoda y agradable. Tiéndete por completo y siéntete amado. Rodéate de cosas que hagan que te sientas poderoso. Queda con personas que te valoren y deja que las personan que no te hacen bien se marchen en paz. Relájate. Así eliminas los patrones de la dependencia y las expectativas negativas. Mediante la autorrealización y la independencia alcanzas un nuevo campo de resonancia para las experiencias felices. Deja que el gato maestro te guíe.

Afirmación

«Yo soy yo. Libre y feliz doy forma a mi vida y dejo atrás aquello que no me sirve».

29
Grulla
Concentración

Significado de la carta

Se superan los obstáculos. El poder del alma regresa. La energía vital se renueva. Concéntrate en el estanque de tu alma. Deja que el pasado descanse. Recógete y concéntrate en la fuente de poder que hay en ti. Se inicia un nuevo viaje. Entras en un nuevo círculo de poder.

Explicación

Sobre una pata, en perfecto equilibrio interior e inmóvil, la grulla te envía el poder de la concentración y la meditación. Mediante la reflexión interior puedes controlar los movimientos exteriores y encontrar la fuerza y tranquilidad que necesitas para dar el siguiente paso en tu vida. Elimina las emociones de aquellos actos en los que sientas una fuerte emoción, sucesos negativos… deja que pasen como si fueran nubes en el cielo. No tienen nada que ver contigo. No les des ninguna energía.

La grulla, mediante la concentración en tu equilibrio interior, te da la distancia necesaria para afrontar los acontecimientos de tu vida. Sabrás qué poderes y cualidades viven en ti. Te enseña día a día a volar, a alcanzar grandes alturas, a salvar largas distancias, aunar nuevos conocimientos y a conseguir un nuevo nivel de conciencia. Cuando confías en ti mismo, solo entonces, sabes cuándo ha llegado la hora de volver a levantarte para dedicarte con todas tus fuerzas a la próxima tarea.

La grulla te enseña organización interior y equilibrio. Una vez lo adquieres, los demás pierden el poder y el control sobre ti y tu ser. Las personas que te quieren pueden dejarte. No seas impaciente; vas por el buen camino. Estás destinado al éxito y la felicidad.

Afirmación
«Encuentro mi equilibrio interior, todo llega. ¡Ahora! Todo va bien. Gracias».

30
Halcón
Velocidad

Significado de la carta

Una magnifica conexión animal gira en torno a tu vida. Agudiza tus sentidos, expande tu vista. Incluye al nivel espiritual en tus asuntos, cualquier nivel que exista más allá de espacio, tiempo, muerte, sufrimiento, enfermedad y edad. Un guiño del destino trae a tu vida un nuevo cambio inesperado, lleno de luz y prometedor. El éxito te aguarda.

Explicación

Tu verdadero ser desea ser visto y escuchado. Confía en ti y deja que los aspectos luminosos y poderosos de tu elevada naturaleza iluminen tu mundo. De aquí en adelante el liderazgo, la energía solar divina, los impulsos luminosos y el cambio llegan a tu vida. Ahora ves con claridad, tienes una visión conjunta de las cosas y sabes lo siguiente que hay que hacer. Ahora puedes ceder y dejarte llevar.

El halcón te guía para que sigas tus verdaderos sentimientos y confíes en ti mismo. Quizás hubo un tiempo en el que te orientabas por los demás, te sentías inseguro, insignificante y pequeño, y no eras capaz de encontrar sitio para los impulsos de tu interior. Ese tiempo se ha acabado. El anhelado guía ilumina desde el cielo. Él está en ti. Deja atrás aquello que te lastre, deja aquello que te tortura; mécete en la seguridad y la confianza que se producen en tu interior a su debido tiempo y con el impulso correcto, y que te conducen a hacer lo correcto. Confía en ti.

El halcón trae consigo el cambio y te conduce hacia la victoria, a la luz del sol. El destino te sonríe. Te cubre con su plumaje protector y hace que recuerdes la fuente eterna que aguarda para darte la bienvenida y que puedas empezar a crear. Abre los ojos, todo está en tu camino.

Afirmación
«Los buenos resultados acompañan todos mis actos. ¡Ahora!».

31
Íbice
Fuerza de voluntad

Significado de la carta

Una nueva fase de crecimiento comienza en tu vida. Deja el ayer tras de ti. Céntrate en el ahora y en lo que ves. Son imprescindibles concentración, resistencia y fuerza. Trabaja sin descanso para permanecer en el sendero de tu vida. El camino te reportará éxito y perspectivas de cosas importantes.

Explicación

Algunas veces los demás nos ofrecen, así como nosotros a los demás, lecciones kármicas. Esto sucede para que tengamos ocasión de dejar atrás los viejos patrones y comportamientos y nos orientemos de nuevo según el plan divino que hemos comenzado. Aprendemos a poner en práctica nuevas facultades y a desarrollar nuestro poder. Nos despertamos en un nuevo ser.

Cuando el íbice aparece en tu vida, te recuerda tu fuerza de voluntad y tu poder interior con el cual puedes superar los caminos oscuros y peligrosos que se te pongan por delante. Piensa en la fuente que hay en ti, esta te guiará incluso en los momentos de escasez. No aproveches solo las migajas que puedas coger, haz lo que debe hacerse y concéntrate en el propósito y en el objetivo de tu vida. No dejes que nada te despiste y desvíe tu atención. Percibe cómo las cosas están bien tal y como están y todo tiene sentido, aun cuando éste solo se aclare más tarde.

El íbice te da una fuerza de voluntad inquebrantable, perseverancia y el valor para acabar con las sombras, las zonas oscuras y los viejos resultados. Se preocupa de que no caigas ahí y siempre persigas tu meta y no pierdas de vista la luz. Concentrándote en tu fortaleza interna podrás superar los abismos y derrotar a las sombras que hay en ti. Tu camino te reportará éxito y un nuevo poder.

Afirmación

«Sigo inexorablemente mi camino. Me guía lo divino y nada puede despistarme. El éxito y la victoria yacen en mi camino. Gracias».

32

Jaguar
Salto dimensional

Significado de la carta

El espejo del tiempo se abre ante ti. Tus horas de estrellas se anuncian. Recibes una profunda visión de tu existencia; la sabiduría mística está a tu disposición. Conocimientos y asociaciones asombrosas se vuelven de repente claras a tus ojos. Experimentas cómo un ser divino se gesta en tu interior. Comprendes que la independencia del mundo exterior es la verdadera libertad.

Explicación

El jaguar anuncia un salto dimensional. Él rara vez se muestra en el mundo, pero cuando aparece es una señal de que hay aprovechar la oportunidad. Todo tiene su momento. Ciertos sucesos solo pueden ocurrir en determinados momentos y bajo determinadas circunstancias. Todo está exactamente sincronizado con los designios espirituales.

Prepárate para dar el salto. Tu maestro interior toma forma para conducirte. Deja que las ideas de la inmortalidad te llenen y te electricen. No te asustes, abre tu corazón para dar la bienvenida al fuego espiritual que arde eternamente y que despierta tu lado natural.

No te contengas, aventúrate libre en la infinita inmensidad. Ahora puedes hacer saltar por los aires las ataduras interiores; ya no tienen ningún poder. Ábrete al mundo espiritual y manifiesta tu disponibilidad para reencontrarte. Tu maestro espera para iniciarte. Mediante la libertad interior el mundo exterior se transformará para siempre. Nada seguirá igual. El chamán despierta la otra cara que hay en ti.

Afirmación
«Estoy en el lugar adecuado, en el momento adecuado y hago, justo, lo correcto. Estoy listo para despertar todo mi valor. ¡Ahora!».

33

Lagartija
Regeneración

Significado de la carta

Cuando se presenta la lagartija, trae consigo el poder único de la regeneración, la renovación y la curación. Las viejas heridas pueden curarse y las heridas espirituales encuentran la paz; el poder se renueva y regresa. Se anuncia una bendición especial. Deja que suceda.

Explicación

Eres una creación perfecta y completa de Dios. Aquello que, a veces, no nos deja curar, es la dura sentencia que nosotros mismos nos hemos impuesto. Nos criticamos, nos rebajamos, dudamos de nosotros y de nuestras capacidades, nos sentimos inferiores, no confiamos en nosotros, somos incapaces de perdonarnos, nos hacemos pequeños, pensamos que nos somos dignos. Esta actitud no le sirve a nadie y menos, a nosotros mismos.

La lagartija te anima a que salgas de la grieta oscura del rígido muro que nosotros mismos, por algún motivo, hemos levantado. Nos recuerda que debemos volver a conectar con la fuente de luz eterna que ama a todas las criaturas vivas incondicionalmente, cuida de ellas y las abastece. Ella está sobre todo aquel que se vuelve hacia su poder. Aquí yace un gran poder de regeneración y renovación de que puedes disponer ahora y en cualquier momento. Lo divino reside en la gracia, el amor, el perdón, la alegría y la felicidad.

En el caliente sol, en conexión con la fuente y en la luz más elevada, se ocuparán de cada parte de ti. Cualquier juicio sobre ti se derretirá como el hielo al sol. Las viejas heridas sanan y los dolores encuentran sosiego. Los vacíos se completan. Tienes ante ti una gran oportunidad. La bendición divina está ahora contigo y no te abandonará. Ábrete.

Explicación

«Estoy en armonía con la luz de la fuente. Se ocupan de mí y encuentro curación a todos los niveles. Acepto la bendición. ¡Ahora!».

34
Lechuza
Iniciación

Significado de la carta

La luz ha nacido en la oscuridad. La lechuza te anima a que abras los ojos y te vuelvas hacia el lado oscuro de la luz. Ahí yacen la solución y la liberación. Un secreto aguarda a ver la luz. Aspectos ocultos desean ser transformados. Todo se resuelve. Una nueva energía creadora se libera para un futuro de felicidad.

Explicación

La inquietante llamada de la lechuza llega hasta tu alma. Eres consciente: otra vez la misma situación en tu vida, de nuevo la misma experiencia, solo que con otros personajes. ¿No puede parar? Tu pregunta ha sido escuchada, y, como un eco, la respuesta resuena en el campo de tus sombras.

Hay ciertas situaciones que te son enviadas porque es hora de que les pongas solución. Emprende el viaje, haz frente a las sombras y llénate de sorpresas. Cuando huimos de las sombras, les concedemos un poder y una importancia que no tienen. La lechuza te envía el poder para abrir la puerta del subconsciente; pisar el sótano de tu alma para que puedas ver lo que no funciona y está obstaculizando el desarrollo de tu auténtico potencial.

No estás solo. Hay poderosos lazos espirituales contigo. Abre los ojos. Observa aquello que te sigue torturando; desenmascara las sombras que te persiguen y que no paran de traer intranquilidad a tu vida. Haz trizas lo que ya no te sirva para poder hacer hueco a lo nuevo. Tienes ante ti un gran paso. Tu don para crear y realizar cosas desea ver la luz.

Afirmación
«Acepto mi poder y asumo la responsabilidad de mi vida. Con el poder de mi subconsciente creo felicidad, suerte y éxito en mi vida. ¡Ahora!».

35
León
Autoridad

Significado de la carta

Eres plenamente reconocido. Tu opinión tiene peso, se valora y se pide. Di «sí» con todo tu corazón a tu posición. Eres el señor/señora. Dirige tu atención hacia el sol resplandeciente que hay en ti. Está en tu corazón. Desde tu ser la soberanía, la autoridad y la estabilidad irradian. La sabiduría fluye a través de ti. Confía en que todo sucede por tu bien.

Explicación

El tiempo de la búsqueda ha pasado. La inseguridad y la duda de tu interior desaparecen. Surge una nueva estabilidad. El sol brilla sobre ti. Se acabó el esconderse, agazaparse y hacerse pequeño. Has encontrado tu lugar en la vida. Estás ahora en esa posición porque el cosmos te ha asignado justamente ese lugar y esa tarea. Has demostrado mediante valor y fortaleza que aceptas la responsabilidad sobre ti y los demás; diriges proyectos/actividades y eres comprometido con tus convicciones. Tu opinión y tus convicciones son importantes e indicativas.

El león aparece en tu vida para que puedas ocupar tu lugar en la vida con dignidad, valor, fortaleza, serenidad y grandeza interior. Muéstrate al mundo. Di «sí» a ti mismo, a tu tarea y a tu lugar en el sol con todas tus fuerzas. Yérguete una y otra vez sobre tu corazón. Deja que tu luz brille y no menosprecies la fuente dorada de poder que vive en ti. La fortaleza y autoridad que quieres y deseas brillan radiantes y de manera inequívoca con dignidad y conducen las cosas como tú deseas. Deja que suceda.

Afirmación

«Digo "sí" a mis tareas en la vida. Cada día siento con más claridad y nitidez el poder resplandeciente de mi corazón».

36
Liebre/Conejo
Amor del corazón

Significado de la carta

Respira desde tu corazón. Ábrelo por completo. El lado distinguido, delicado y tierno de tu ser desea que le prestes atención. Tiene un mensaje para ti. Sin embargo, para poder recibirlo, es importante que estés en completo silencio, confíes en él y le prestes atención.

Explicación

La liebre o el conejo saltan a tu vida para recordarte tu lado delicado, tierno, confiado y cariñoso. A menudo, el día a día nos exige trabajo, acción, reacción, y olvidamos que preocuparnos de nuestros asuntos del corazón, así como de nuestra salvación y la de aquellos a los que queremos es también algo muy importante. Nos esforzamos para llenar de amor nuestro matrimonio y luego vemos que éste ha abandonado nuestras vidas o no somos capaces de volver a encontrarlo. Por eso es importante dejar el trabajo a un lado y cuidar el amor; debemos concedernos tiempo para nuestros seres queridos y para las personas que son importantes para nosotros y nos llenan.

Son las pequeñas cosas las que debemos retornar a nuestro corazón: un abundante baño de espuma, un paseo con nuestra pareja, preguntar a los demás cómo les va y estar de verás preparados para escucharles, estar a su lado, una palabra cariñosa de corazón, jugar con sus hijos, hacer pompas de jabón en el aire, invitar a un amigo a un café, preparar una pequeña sorpresa... Cuando nos preocupamos de que haya amor, formamos una buena base sobre la que asentarnos y que nos da alas para poder superar con mayor facilidad las exigencias del día a día. Cuando estamos llenos de amor y felicidad todos los asuntos dan verdaderos frutos.

Afirmación

«Abro mi corazón y doy y recibo amor. Mi corazón florece como una rosa; el delicado aroma de mi alma llena el mundo con alegría y felicidad».

37

Lince

Nueva conciencia

Significado de la carta

Es hora de hacer balance y solucionar lo pasado. Ahora puede superarse definitivamente. Requiere que trabajes; que trabajes en ti mismo. Sin embargo, no percibas las dificultades como una carga, sino como lecciones que te ayudan a restablecer nuevamente el equilibrio en ti. Lo viejo hace sitio a lo nuevo. El lince anuncia un gran cambio y renovación en tu vida. El siguiente paso está ante ti.

Explicación

Cuando el lince se muestra es que es hora de que te ocupes de ti y te abras a ti mismo. Este maravilloso guía espiritual te conduce de vuelta a la raíz de tu poder y de tu potencial espiritual. Para que éste pueda fluir libremente de nuevo, es necesario algo de trabajo de desescombro. Los bloqueos son, por una parte, originados por nosotros mismos y, por otra, porque determinadas tendencias se han enquistado. Libérate de viejas cargas, culpas y todo aquello de lo que hace tiempo debías haberte deshecho y que te roba energía. Concéntrate en lo que hay que hacer. Pon orden en tu vida.

Despeja todo aquello que bloquee tu flujo de energía y céntrate en aquello que te da fuerzas. Trabaja con tus sombras, ocúpate de ellas, reconócelas y transfórmalas en luz. Huir de ti mismo no te reporta nada, como tampoco responsabilizar al mundo exterior de tu situación.

El lince te da perseverancia y un buen olfato para continuar tu camino. Permanece tranquilo y sereno, contén tu impulsividad y conserva la confianza en tu guía interior. Tiene cosas importantes que hacer contigo. Estás protegido. Todo está previsto tal y como está en el gran plan. Lo viejo debe desaparecer para que haya sitio para lo nuevo.

Afirmación

«Yo soy este, este soy yo. Todo el poder regresa a mí. La luz ha nacido en mí y consigue todo lo que necesito para ser feliz en mi vida. ¡Ahora!».

38

Lobo

Capacidad de liderazgo

Significado de la carta

Sigue la llamada de tu alma. Tu legado espiritual despierta; estás a las puertas de una iniciación. Ha llegado el momento. Enfréntate al enemigo y derrótale. Es hora de asumir tu capacidad de liderazgo y de conducir con seguridad a un gran grupo. La comunicación clara e inequívoca es importante.

Explicación

Te encuentras en un proceso de madurez en el que se anuncia una nueva etapa. ¿Oyes la llamada de tu alma? Te toca. ¿Estás listo para demostrar tu legado espiritual? ¿Estás dispuesto a asumir la responsabilidad y las riendas de tu vida y servir al mundo?

El lobo aparece en tu vida para iniciarte. Por un lado, es importante que busques la soledad, hagas frente a tus sombras, escuches a tu inspiración y te conozcas a ti mismo. Por otro, también es importante que aprendas a expresarte de forma clara e inequívoca, además de valorar tus fuerzas, equilibrar tu vida y observar qué es lo que quieres de ella.

Te preparas, examinas y pones en marcha para un círculo elevado de poder. Esto no siempre es algo agradable y cómodo, pero debes saber que sirve a un propósito elevado. Más adelante te darás cuenta de por qué debían suceder algunas cosas de tu vida. Todos los acontecimientos de tu vida obedecen a un sentido, guardan una lección y te preparan para nuevas facultades siempre y cuando no dejes de esforzarte y prosigas tu camino. Conócete a ti mismo y tus límites y manifiesta aquello con lo que estés a favor.

Afirmación

«Confío en mi voz y me expreso con claridad, en voz alta y de forma inequívoca. Las personas a las que guío están seguras y en buenas manos».

39

Mariposa
Metamorfosis

Significado de la carta

Estás frente a un cambio inevitable. Experimentas un desarrollo en todos los ámbitos de tu ser. El cambio se llevará a cabo felizmente y te reportará armonía, equilibrio y una nueva estabilidad. Te enriquecerá, ampliará tus horizontes y te despertará interiormente. Confía en este cambio.

Explicación

El camino al que estás acostumbrado no te ofrece equilibrio ni descanso. Sientes que hay algo que debe cambiar porque algo esencial en ti se está transformando. Las cosas que antes te daban fuerzas ahora te agotan; las personas con las que antes te gustaba pasar tiempo, ahora te destrozan. Tus viejos zapatos están desgastados y te preguntas por qué te aprietan. Estos son señales de que te encuentras ante un gran cambio o de que ya estás inmerso en él. Céntrate en ti y déjate llevar por el cambio. Primero, tiene lugar en tu interior antes de que pueda verse en el exterior. La mariposa te muestra que tu cambio se llevará a cabo de una forma beneficiosa. Puedes dejar todo atrás. Adquirirás y utilizarás nuevas capacidades y facultades. La ligereza, la movilidad y una alegre tranquilidad te esperan al final de este proceso de cambio. Todo se hará más evidente y coherente y estará más en armonía con tu poder y con el plan de tu alma. Si sabes esto, puedes recorrer este proceso con confianza. Lo viejo debe ceder para que lo nuevo pueda desarrollarse.

Afirmación

«Sigo el camino de mi destino y siento cómo cada día me va mejor, me siento mejor y todo me resulta más fácil».

40

Mono
Movilidad

Significado de la carta

Los monos aparecen en tu vida para aportar ligereza y diversión a tu vida. No te tomes la vida tan en serio. Tiene muchos niveles y posibilidades, y tú tienes muchos niveles y posibilidades para manifestarte. Deshazte de los rígidos patrones y comportamientos. Capta el momento y vive tu originalidad y tu singularidad también en grupo.

Explicación

El mono te envía movilidad y despreocupación para que puedas evadirte de la espesura de tu vida. Te anima a vivir el momento. Justo ahí está la posibilidad de actuar, expresarte y experimentar lo nuevo.

El mono te da ligereza, humor y diversión; con ellos puedes librarte de comportamientos y pensamientos arraigados. Cuando el mono aparece en tu vida se produce un rápido desarrollo y crecimiento, y gozas de mejores oportunidades.

Acuérdate de tu niñez. Un niño experimenta lo nuevo con sinceridad, curiosidad, sus sentidos y de forma lúdica. No le preocupa caerse. Juega y sigue sus impulsos, prueba y pregunta hasta que comprende lo nuevo. Sigue tus impulsos aun cuando te parezca cómico. Observa algo desde una perspectiva completamente distinta y ábrete en tu vida. El mono te invita a percibir el instante con curiosidad y con libertad para hacer lo que sientas en tu interior.

Afirmación

«Sigo con ligereza los impulsos de mi corazón. Vivo la manifestación única de mi ser. ¡Ahora!».

41
Murciélago
Orientación

Significado de la carta

Aparecen nuevos caminos insólitos. Una voz interior te anima a que pienses en ti durante algún tiempo para que despiertes tu legado espiritual. La llamada de los antepasados penetra en ti desde la distancia. Se aproximan cambios. Ábrete. El verdadero potencial espiritual de tu alma desea despertar en ti.

Explicación

¡Con qué frecuencia no estamos contentos con nuestra familia, nuestros antepasados y, con ello, con nosotros mismos! Nos fijamos en las debilidades y las carencias, en aquello que no nos han dado o no pudieron darnos, en viejas heridas y precipicios, en aquello que nos negaron y mantenemos vivo ese drama interior. De esta forma nos volvemos cortos de vista y solo percibimos las cosas superficialmente. Ha llegado nuestro momento. Largo tiempo lleva aguardando a despertar nuestro verdadero legado, el cual, durante muchas generaciones se fue transmitiendo y sobrevivió a guerras, enfermedades, pérdidas, atrocidades, muerte y dolor. El murciélago aguarda en el techo de la cueva para poder conducirte seguro hasta el origen de la existencia. Te da orientación y una percepción aguda para que puedas descubrir este valiosísimo secreto.

Ha llegado la hora de retirarse, reducir todo lo necesario el contacto con el mundo exterior y seguir la voz de tu interior. Se aproxima una iniciación, una apertura interior. Ve tras el misterio que yace oculto en el pasado, en lo más profundo de ti y que dará forma a tu futuro… Busca el camino hacia el interior mediante la percepción, los sueños, la meditación, la reflexión interior… Con la ayuda de los conocimientos adquiridos conseguirás un profundo entendimiento, el respeto, el perdón, la salvación y la liberación. El cambio empieza en ti.

Afirmación
«Confío en mi percepción y me abro. Me conducen con seguridad».

42
Nutria
Originalidad

Significado de la carta

La vida es un juego. Tienes muchas maneras distintas de expresarte. Prueba lo nuevo, y conócete a ti nuevamente. Las visiones se vuelven ahora nítidas y quieren llegar al mundo a través de ti. Confía en tu intuición, sigue tu instinto y presta atención a tus sueños. Tu potencial creador se desarrollará plenamente. El flujo de energía se pone en marcha. Has sido bendecido.

Explicación

Nuevos caminos se muestran ante ti. Si quieres conocerte de nuevo, probar cosas nuevas, descubrir tus capacidades y tu potencial y ponerlo en marcha. Entonces la nutria es idónea. Ella te enseña a sumergirte en busca de tus visiones y traerlas a este mundo. Pero no aferrándote a ellas y obligándote, sino con levedad, amor y diversión.

La nutria quiere descubrir y experimentar por sí misma y moverse con libertad. Deja que te guíe. Utiliza tu ingenio y no te preocupes por lo que otros puedan decir o pensar de ti. Permanece en conexión contigo mismo.

Si te dejas llevar, si te quedas con el amor y la libertad, entonces alcanzará un nivel elevado en el flujo de energía que te sustenta. Ella te ayuda en tu proceso creativo y te anima una y otra vez a que te sumerjas en las aguas cristalinas de tu alma y regreses con las imágenes que allí encuentres. No aparece por casualidad.

La nutria te muestra lo bueno que es hacer caso de tus sentimientos. Di lo que te venga a la mente en ese momento; persigue aquello que se te ocurra. De este modo inicias el cambio. Poco a poco entras en una nueva felicidad. Nuevas capacidades despiertan en el fondo de tu ser. Presta especial atención a tus sueños. Todo está preparado dentro de ti. Confía.

Afirmación

«Soy libre, libre para siempre. Todo lo que hay a lo largo de mi camino sirve a mi bienestar. Digo «sí» con alegría a la vida y me inspiro desde lo más profundo de mi ser».

43

Oso

Protección, seguridad

Significado de la carta

La oración de tu alma llama a escena al oso. Él te trae de nuevo el poder que inviertes cuando tienes que gestionar actividades continuamente, una agenda ocupada, reclamaciones u organizaciones. Tómate un tiempo, relájate y recupera fuerzas.

Explicación

El oso aporta protección personal, fortaleza y poder. Cuando tienes este poder, puedes decir que no con amor, desmarcarte claramente, retirarte, tomarte un tiempo y centrarte en ti mismo y seguir el ritmo de tu corazón. Puedes hacer lo que deseas en ese momento.

El oso te recuerda que es bueno dejarse ir. Permítete echarte perezosamente y disfrutar de la miel de la vida. No somos máquinas, sino personas; cada uno tenemos nuestro propio ritmo y todos nosotros estamos sujetos a ritmos y fuerzas naturales. Así, al igual que el día y la noche, el ir y venir de la marea y la inspiración y la espiración se suceden entre sí, nuestra alma también necesita tiempo para descansar y repostar antes de volver a estar activa. El oso te enseña a administrar tus fuerzas. Él hace que te detengas para que mires en tu interior y observes tus necesidades. Si no te preocupas tú de ti mismo, ¿quién lo hará? La tierra sigue girando sobre sí misma sin ti. El oso, además, te aporta seguridad y amor por ti mismo. Él te da la protección y la fuerza necesarias para que puedas recuperar tu equilibrio. Te anima a ponerte cómodo en el osero y tomarte un tiempo para ti. De esta forma, despiertas tu verdadera fuerza interior con la que llevar a cabo cosas importantes en los periodos de gran actividad y descansar, y que siempre puedes volver a reponer.

Afirmación

«Sigo la voz de mi interior. Confío en mi poder y conecto con el ritmo armónico y curativo».

44
Oveja/carnero
Realización de los sueños

Significado de la carta

Tu visión interior, que hace tiempo presientes, desea activarse y que la pongas en práctica. En la unión entre la reflexión interior y el comportamiento activo yace el poder con el que podrás percibir los sueños. No hay obstáculo que pueda impedírtelo si mantienes viva la imagen de tu visión.

Explicación

En la unión entre la oveja y el carnero reside la fórmula perfecta para la realización de los sueños. La oveja representa una energía suave y cariñosa, te aporta el sueño, la visión de la vida y la conexión interna con tu potencial creador. Los obstáculos, por otro lado, son incapaces de detener al carnero. Él te da el impulso y el valor necesarios para continuar tu camino, aceptar los desafíos y dejar que, a través de tus actos, tus sueños y visiones se hagan realidad. Eres único. En ti se aúnan distintos talentos e intereses. De tal modo que tienes una cualidad especial que puedes regalar al mundo.

Recuerda: ¿Con qué has soñado siempre? ¿Qué has querido hacer siempre? Deja volar tu fantasía. Trabaja por encontrar tu visión, fijarla (escríbela, dibújala, haz una *collage*, etc.) mantenerla e intensificarla. El carnero te da el poder de la realización. ¿A qué estás esperando? ¿Qué te impide vivir tu visión, tu sueño en esta vida? ¿Qué necesitas para poder realizarlo? Todo camino empieza por un primer paso. La felicidad y la suerte aparecen cuando ponemos en práctica nuestra visión y superamos los obstáculos.

Afirmación

«Envío a mis sueños y visiones toda mi confianza y sigo mi propio camino. Camino con decisión para realizar el sueño de mi vida. Me guían en todo momento».

45

Pájaro
Fuego del alma

Significado de la carta

Los emisarios del cielo te envían señales luminosas. El resplandeciente poder del ángel te acompaña a lo largo de tu camino. Escucha a los maravillosos mensajeros del cielo. Tienen algo importante que compartir contigo. Todo va bien. Estás protegido. Ábrete.

Explicación

Cuando un pájaro aparece en tu vida, es una señal de que los mensajeros del cielo están tratando de llegar hasta ti. A veces, nuestra vida está tan llena de pensamientos, trabajo o sentimientos que ya no somos capaces de percibir las señales del cielo. Perdemos la conexión con la fuente que hay en nosotros.

Solo un recipiente vacío puede dar cabida a algo; solo un espíritu receptivo es capaz de escuchar algo. Date tiempo, vacíate y ajusta la recepción. Si estás ahí, escuchas, meditas y te abres, volverás a conectar con la fuente interior. Hay un mensaje que espera a ser descubierto. Tal vez llegue hasta ti mientras escribes en tu cuaderno y reflexionas sobre tus vivencias. Los mensajes de los emisarios del cielo pueden ser muy distintos, tanto como pájaros diferentes hay en el cielo. Pueden provenir del reino de los antepasados, del reino de los muertos, del reino celestial, del reino de los ángeles o de personas que están junto a nosotros. En cualquier caso, se trata de mensajes de luz que son importantes para nosotros, nos dan valor y fuerzas, e iluminan nuestro camino. Los emisarios del cielo están siempre con nosotros para procurar nuestro bien. Escúchalos.

Afirmación

«Me abro a los mensajes de mi corazón. Estoy protegido en todo momento, me cuidan y conducen a lo largo del camino. El amor y la luz están conmigo».

46
Pájaro carpintero
Imaginación

Significado de la carta

Se anuncian novedades de una forma suave y cariñosa. Abre tu corazón. Sigue su ritmo. Todo está listo dentro de ti. Es la hora de abandonar el camino que otros han ido marcando para ti e iniciar el tuyo propio. Céntrate en tus asuntos.

Explicación

Cuando el pájaro carpintero llama a tu puerta significa que ha llegado el momento de que sigas tu propio camino y reestructures tu vida. ¿Qué cambios deseas llevar a cabo en tu vida? Si tuvieras una hoja de papel en blanco e infinitas posibilidades de reestructurar tu vida, ¿cómo querrías cambiarla? ¿Cuáles son tus mayores anhelos? Ocúpate de ellos.

El pájaro carpintero te da el don de la imaginación. Con este maravilloso poder, la meditación u otros métodos de reflexión interior te será siempre más fácil seguir la senda de tu corazón. En el centro de tu corazón fluyen todos los poderes luminosos para señalarte el siguiente paso hacia tu bienestar.

Es hora de que recuerdes tu maravilloso centro de luz, lo escuches con atención y te centres con amor e interés en tus asuntos. El espíritu vivo del amor
actúa a través de ti. La transformación y la curación se producen cuando
estos poderes fluyen. No sigas reprimiéndote con ideas y pensamientos sobre ti mismo, estate presente, exprésate, comunícate y habla sobre aquello
que te preocupa. Puede ser más importante para ti y para los demás de lo
que crees.

Afirmación

«Sigo mi camino protegido por maravillosos poderes y confiero a la
fuerza vital que hay en mí salud y vida. La curación se produce a todos
los niveles».

47

Pantera/Leopardo
Perfección

Significado de la carta

Eres afortunado. El maestro que hay en ti te guía. El tuyo es el camino zen de la mano vacía. La plena confianza en el momento te confiere poder y fortaleza, así como una perfecta capacidad instantánea para manejar la situación con seguridad. Se receptivo y prepárate. Arriésgate a dar el salto hacia lo desconocido. Todo es posible.

Explicación

Deja el control a un lado y se consciente del momento. Aquí y ahora encuentras todo lo que necesitas. Amplía tus miras y observa todo lo que ocurre con atención. No esperes nada, toma una actitud receptiva y relajada una vez hayas confirmado tu disposición a seguir tu camino.

La pantera, un ser protector y chamánico, es ahora tu guía. Has encontrado al maestro que hay en ti. En el fondo, aunque algunas veces la vida te ponga un espejo que muestre lo contrario, te conducen con seguridad. No dejes que eso te desvíe. Con la pantera a tu lado puedes sentirte seguro de ti mismo.

Permanece en silencio allá donde sobren las palabras. Mantén tu nivel de energía dentro de ti, espera relajado, permanece atento y receptivo al siguiente momento de inspiración. Deja que instinto interior te guíe. Él atrae a tu vida las experiencias, las personas y la información que son esenciales para proseguir tu camino. No hay nada que hacer, salvo permanecer en tu campo energético de una manera receptiva, manifestar tu propósito, vaciar tu interior y ampliar tus miras. Aquí, son de gran ayuda las técnicas para conseguir un estado de relajación, meditativo y, no obstante, alerta. Todo es posible para el maestro de la mano vacía. Todo es perfecto tal y como es. Tu poder se construye.

Afirmación

«Estoy en el lugar preciso en el momento preciso y hago justo lo correcto. Todo aquello que me sirve está en mi camino».

48
Pato
Amor cálido del corazón

Significado de la carta

Tu corazón se abre y se ensancha un poco. El pato aparece en tu vida para traerte confianza, seguridad y acceso a la intuición que hay en ti. Presta atención a tus sueños, visiones e intuiciones. Traen curación y comprensión.

Explicación

El pato te da el don de la reflexión interior. Te abre a tus sentidos y a las relaciones. Gracias a su plumaje cálido e impermeable, la emociones de los demás no pueden penetrar en ti y resbalan como el agua sobre sus plumas. Conservas tu calor interior pase lo que pase. Puedes generar fuerzas de ti mismo. Permaneces conectado contigo mismo y puedes conocer la diferencia entre lo que sientes y percibes en tu interior y lo que se dice de ti. Así tienes posibilidad de elección y puedes definirte de una forma más afectuosa.

El pato te trae el amor cálido del corazón. Te conduce seguro de una orilla a otra, te da valor para dar los primeros pasos hacia tu poder, descubrir tus capacidades y desarrollarlas. El pato te ayuda a fortalecer las relaciones con las personas a las que de verdad quieres. Aprendes a seguir tu camino. El pato te enseña cómo puedes unir entre sí las cosas en lugar de a separarlas; no esto o lo otro, sino esto y lo otro. Todo largo viaje comienza con un primer paso. El pato te enseña el primer paso en tu camino hacia el autodescubrimiento.

Afirmación

«Dentro de mí estoy protegido y seguro. En mí está todo lo que necesito para hacer realidad mi visión».

49

Pegaso
Conexión con la fuente

Significado de la carta

Has asumido un elevado poder. Con ello, estás en disposición de superar fácilmente tus tareas. Pegaso te brinda una conexión directa con la fuente de la existencia. Desde allí manan en ti la sabiduría y la inspiración artística. Tienes el cambio ante ti. Ábrete y confía en el poderoso cambio que se anuncia en tu vida.

Explicación

Pegaso, mensajero del mundo superior y de los estados luminosos, te ha acogido. Puede que, tal vez, no hayas notado todavía ningún resultado concreto y solo puedas valorar algunas tareas, pero Pegaso anuncia cosas importantes. Ten plena confianza en tu guía interior y estate preparado para seguirle incondicionalmente, incluso cuando signifique tener que dejar atrás durante un tiempo todo aquello que amas.

La fase sombría durante la cual has permanecido escondido en una caverna se ha terminado. La luz del sol brilla sobre ti. Concluye tus tareas y aquello que aún esté por hacer, y permanece con gran alegría y esperanza aun en los momentos de oscuridad.

Se humilde y no trates de ponerte por encima de tu guía interior. Déjate llevar, confía y pon dedicación. Acepta las situaciones de tu vida tal y como son, y haz aquello que se te exige. Confía en tu camino y alégrate cuando tu guía te cuide y actúe a través de ti. Muéstrate agradecido, aun cuando te abandone de nuevo. Todo aquello que consigas a través de él te reportará una gran bendición.

50

Perro

Fidelidad, Protección

Significado de la carta

Te quieren infinitamente. Tienes en todo momento a tu lado a un compañero que te quiere, sincero y fiel. Él cuida de la luz de tu alma y te envía en todo momento poder luminoso con el que sobrellevar todo lo que te encuentres en tu camino. En todas partes estás estupendamente seguro y protegido.

Explicación

A veces nos sentimos abandonados, olvidados y faltos de amor. La soledad interior es grande. Nos sentimos al margen del mundo, del amor y del guía que hay en nosotros. Tal haya sido un antiguo recuerdo, una experiencia traumática, la muerte de un ser querido o una enfermedad la que nos ha llevado a esta situación. Nuestro poder para creer y confiar se ve extraordinariamente afectado. Nos condenamos y somos demasiado severos con nosotros mismos. Una y otra vez corremos hacia la oscura habitación de nuestra alma y nos preguntamos por qué nos está pasando todo esto.

El perro aparece en tu vida para sacarte de ahí y conducirte hacia la luz. Acude a tu lado para ampliar un poco tus miras, agudizar tus sentidos, fortalecer tu percepción y que vuelvas a conectar con tu naturaleza espiritual. El lado espiritual que hay en nosotros es inmortal. Aquí encuentras todo aquello que es importante para ti: seguridad, dulzura, libertad para ser tú mismo, el rastro infalible hacia el camino correcto...

El perro respeta tu libre albedrío y deja que vayas a tu ritmo. Él te espera paciente y lleno de amor hasta que das señales de estar preparado para continuar. Él te conecta con tu guía eterno, y te da el valor y las fuerzas necesarias para seguir tu camino, perdonarte y ser fiel a ti mismo.

Afirmación

«Creo y confío. Esto ayuda y cura mi poder divino. Digo "sí" a mi vida. El próximo paso está frente a mí. ¡Ahora!».

51

Pez
Intuición

Significado de la carta

Presta atención a tus sueños e inspiración. Hay un mensaje que te está esperando. Una nueva corriente llega a tu vida. El pez nada en tu vida para hacerte recordar tu intuición y que percibas tus capacidades. Estate tranquilo. Detente. Escúchate. Actúa cuando sientas intensamente el impulso dentro de ti.

Explicación

¿Conoces la sensación de estar hundiéndote en la vorágine de las emociones, influencias y energías que te rodean? ¿De perder la orientación? Cuando echas a nadar, el miedo te invade y ya no sabes lo que está pasando. Apenas crees haber encontrado el camino, éste vuelve a desaparecer y las influencias de los demás hacen que te derrumbes.

El pez nada hasta tu vida y te da el don de recordar lo que hay dentro de ti, de encontrar tu camino y desarrollar en el exterior las capacidades que tienes para que puedas alcanzar tu propósito en la vida. El pez fortalece tu intuición así como tu sentido de la percepción y te ayuda a que puedas mantener la distancia adecuada para que los demás no te hagan daño. A veces es bueno detenerse e ignorar el colorido interno y externo, solo observar sin querer intervenir. De este modo, poco a poco, regresas a ti.

Cuando más tranquilo estés, más podrá abrirse tu corazón. De repente, sabes cómo continuar y lo que debes hacer. Así encontrarás la corriente de la vida que debe llevarte. El pez te anima una y otra vez a que te detengas, permanezcas inmóvil y solo continúes haciendo aquello que sientas en tu interior, una vez que el impulso sea evidente. De este modo te moverás por la corriente del amor.

Afirmación
«La vida me lleva y cuida de mí. Me dejo ir y confío en el flujo de la vida. Todo va bien».

52

Rana
Curación

Significado de la carta

El médico que hay en ti despierta. Las viejas heridas emocionales pueden ahora curarse. Superas situaciones difíciles que te aportan conocimientos provechosos. Mirando en el espejo puedes ver tus posibilidades y cómo puedes utilizar los poderes de los que dispones para el bien de todos y tu transformación.

Explicación

La rana trae desarrollo mediante la visión del espejo. Reflexiona. Percibe el mundo como el reflejo de tu alma. Considera tu vida como si fuera una obra de teatro. ¿Qué papel tienes tú en ella? ¿Te gusta? ¿Qué te gustaría cambiar? ¿Cómo debería continuar? ¿Cómo debería terminar? Céntrate de nuevo y juega con tus posibilidades.

La rana anuncia un nuevo y repentino desarrollo. La curación se produce cuando reconocemos lo que hay que dejar atrás y aceptamos nuestro poder y nuestra capacidad para co-crear en este momento.

Tienes poderes curativos. Acéptalos. No sigas dudando ni un segundo y concéntrate. Deja que tu fuerza curativa vaya desde tu corazón a tus manos y, desde allí, fluya hacia todo lo que necesita curación en tu vida. Confía en los poderes divinos y deja que suceda el milagro. Deshazte de las ideas y comportamientos que te bloquean.

Visita lagos y manantiales; allí encontrarás las respuestas a tus preguntas. Has sido bendecido. Aquello que des al mundo te reportará frutos. Estás destinado a llegar al corazón de muchas personas y traer curación.

Afirmación

«El poder divino ayuda y cura. Todo es perfecto tal y como es. Estoy listo para llevar una vida de amor, paz, plenitud. ¡Ahora!».

53

Rata
Carisma

Significado de la carta

Se acerca el momento de comenzar de nuevo. Toma la iniciativa y lánzate a la aventura. Es un buen momento para poner en práctica tus planes e intenciones. Ahora puedes llevar a acabo tus asuntos de forma convincente. Se anuncian logros inesperados. Tu instinto te conduce seguro.

Explicación

La rata aparece en tu vida como emisario de la fortuna. En el pasado has tenido que soportar muchas cosas. El destino te ha puesto ante algunas dificultades. Pero lo que no te ha matado te ha hecho más fuerte y maduro. El entrenamiento de supervivencia ha finalizado. Ya sabes de lo que eres capaz y lo hay en ti. También sabes lo que puedes soportar y que puedes fiarte de ti. Eso está bien. Con tu instinto infalible has encontrado tu camino.

Mentalízate de lo que has conseguido hasta ahora. Percibe lo que hay en ti. Has descubierto tu valor y tu poder. Quiere que lo lleves al mundo. Concéntrate ahora en tus cosas. Ahora puedes decirlo de manera convincente. La gente te da confianza. Los proyectos se realizan. Estás protegido y te guían a lo largo de tu camino.

54
Ratón
Justicia

Significado de la carta

Recogerás aquello que has sembrado. Se aproximan importantes relaciones y caminos inesperados para ti. Se anuncian nuevas posibilidades y conexiones. La rueda del destino comienza una nueva vuelta. Se va a volver a hacer justicia contigo. Todo volverá a su justa medida.

Explicación

El ratón es un mensajero de tu subconsciente. Conoce caminos y conexiones que tú aún desconoces. Él proclama la ley de causa y efecto. Viejas cosas van a volver a aparecer en tu vida de una forma distinta. Cosas a las que has dicho adiós regresan a ti.

El ratón te anima a que salgas de tu escondite y te enfrentes a tus antiguos miedos y temores, y abandones la eterna actitud de víctima. Quiere que te hagas las siguientes preguntas: ¿Qué patrones y bloqueos, qué accesos inconscientes sigue habiendo en tu campo energético? ¿Por qué sigues sintiéndote pequeño, gris y desamparado? ¿Qué te corroe por dentro? ¿Por qué sales siempre corriendo? ¿Por qué sigues alimentándote de la energía de otros? ¿Qué parte de tu alma desea regresar a ti? ¿Qué aspecto de tu vida desea que le prestes atención?

Cuando el ratón se te aparece recibes una nueva oportunidad para contemplar las circunstancias de tu vida, resolver complicaciones y conectar contigo de nuevo. Asume la responsabilidad de tu vida. El ratón es un afanado espíritu que te ayuda a restaurar el equilibrio en tu vida. Con él a tu lado puedes emplear la fuente de tu subconsciente para cambiar tu vida.

Afirmación
«El bien siempre vencerá. Traigo éxito y felicidad a mi vida y estoy preparado para volver a levantarme. ¡Ahora!».

55

Salamandra

Fuerza del fuego

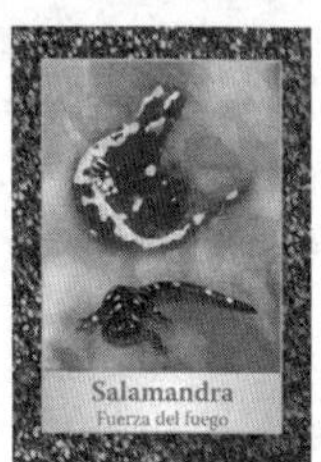

Significado de la carta

Enciende el fuego espiritual de tu corazón. Deja que arda libremente. De este modo quemas lo viejo y hay espacio para que lo nuevo respire. Desde la eternidad brilla la luz que no puede apagarse y de la que tú formas parte. Ella te inspira en todos tus proyectos. Deja que tu luz resplandezca en el mundo.

Explicación

En tu corazón brilla la chispa divina; el poder inspirador de la creación. El fuego que hay en ti es constante, es tu naturaleza espiritual e inquebrantable. Con la salamandra a tu lado deberías ocuparte de este poder esencial. EL fuego de tu corazón nunca se volverá contra ti. La salamandra te anima a convertirte en cocreador de tu vida.

La salamandra, como ser de fuego, te recuerda la chispa que brilla eternamente en ti, un poder del que siempre puedes disponer. Cuando estés en conexión con ella sentirás cómo te ayuda a regenerarte, a renovarte y a encontrar la inspiración. Deja que las experiencias pasadas que ya no te sirven ardan y desaparezcan en el fuego de tu corazón. El perdón y la generosidad para dejar ir las cosas son las llamas liberadoras que ponen fin a tu canción. De esta manera, puedes encontrar sitio para lo nuevo. Es importante desasirse de lo viejo para poder seguir adelante.

Si quieres, escribe en una hoja de papel todo aquello de lo que deseas desprenderte. De este modo, manifiestas tu disposición a dejarlo ir. Pídele a tu ayudante espiritual que te apoye en la tarea. Arroja esta hoja al fuego (chimenea, hoguera, etc.). Aquello que puedas dejar ir liberará energía. Puedes utilizar esta energía para curarte.

Afirmación

«El fuego violeta arde, arde, arde dentro, a través y alrededor de cada electrón. Toda vibración disonante se transforma en luz hasta que se corresponde con el plan».

56

Salmón
Rejuvenecimiento

Significado de la carta

Has vivido muchas cosas en el océano del mundo y regresas instintivamente a tu origen con más sabiduría. Tus poderes se renuevan y rejuvenecen. La energía vital aumenta. Una nueva luz quiere nacer en ti y manifestarse en este mundo. Es el preludio del éxito, la fertilidad y de nuevas tareas satisfactorias.

Explicación

El salmón salta a tu vida para que recuerdes el plan por el cual estás aquí. Él despierta en ti un don extraordinario para que, a través de tu intuición, realices un cambio en tu vida.

Tómate en serio tus sentimientos e intuiciones y dales forma. Vívelos con fuerza. Son la guía para volver a casa. Puede que a los demás les parezca incomprensible, raro, agotador o de locos lo que haces. No importa. No dejes que eso te aparte de tu camino. Sigue la llamada de tu interior.

Los grandes descubrimientos y logros de este mundo solo pudieron hacerse porque hubo personas que tuvieron el valor de perseguir sus sueños, visiones y «locuras». En tu interior conoces el camino a casa. Quien te quiere, respeta y es amigo tuyo te apoyará. Se acabaron las falsedades.

El salmón te anima a que sigas tu camino contracorriente superando los obstáculos y peligros, soportes la incomprensión y la soledad, venzas tus miedos y continúes resuelto tu camino hacia la fuente. Una vez que llegues allí, rejuvenecerás y, con una gran vitalidad, alimentarás a muchas personas con la indestructible fuente de la sabiduría. Aquello que digas será recibido de corazón y tendrá un gran efecto.

Afirmación

«Día a día, mi camino se vuelve más claro, luminoso y evidente. Te doy gracias por ello».

57

Serpiente
Energía vital femenina

Significado de la carta

Presta atención a los mensajes que te envía tu cuerpo. Conoce tus poderes, siente cuál es tu ritmo personal. Ha llegado el momento de que desarrolles tu fuerza personal y mantengas tu energía a un determinado nivel para que tu campo energético pueda actuar. Experimentas un nuevo desarrollo en ti.

Explicación

¿Cómo diriges tu fuerza vital? ¿Cómo se encuentra tu nivel de energía? ¿Construyes tu fuerza o te suelen someter? La serpiente es ahora tu guía. Ella te enseña a prestar atención a tus fuerzas, a economizarlas y a emplearlas con cabeza. Veneno o curación, esa es ahora la cuestión para ella. Ella te anima a ocuparte de tu fuerza vital. Fíjate más en la sabiduría de tu cuerpo. Él habla contigo y, para ello, utiliza el dolor, la sed, los calambres, el cansancio, la falta de aliento, pero también la dilatación, la ligereza, la alegría, la relajación… Cada mensaje, cada pensamiento, cada sensación, cada acto, cada alimento, cada bebida, cada palabra desata una reacción en el cuerpo. Fíjate en cómo se comporta tu cuerpo ante ello. ¿Se contrae?

¿Se dilata? ¿Se alegra o está más cerca de echarse a llorar? ¿Se siente bien? Observa a tu estómago y tus sensaciones corporales. Averigua qué te sienta bien, te da fuerzas y te depara alegrías. Estas son las estaciones de repostaje en las que puedes parar para coger fuerzas de la fuente.

La serpiente te ayuda a centrarte en ti y a conectar los mensajes de tu interior con los del mundo exterior. Cuanto mejor consigas afinar tu instrumento, más clara y nítida será la melodía que envíes al mundo. Aprendes a conducir tu energía y a guiar.

Afirmación

«Mi cuerpo me envía señales y mensajes claros. Les presto atención. Conduzco y dirijo mi energía en pos de mi bienestar y el de todos».

58

Tejón
Curación

Significado de la carta

El tejón te trae curación a todos los niveles. Dirige tu atención hacia ti, tu modo de vida, tu situación, tus pensamientos, tus sentimientos y hacia tu cuerpo. Te da la maravillosa posibilidad de modificar tu vida drásticamente de modo que puedas experimentar curación, salud, plenitud y amor.

Explicación

El tejón es la ayuda en momentos de necesidad. Dado que él no teme la oscuridad ni se espanta con el brillo de la luz, te ofrece conocimientos curativos en cualquier situación con la que te encuentres a lo largo de tu camino. Te muestra cómo puedes empezar a orientar tus fuerzas de nuevo y a armonizarlas por ti mismo para que la curación pueda producirse. Te anima a permanecer inmóvil y a que mires y no temas a las sombras y zonas oscuras que hay en ti. Cuando las observas, estas pierden su terror y desaparecen. Si has encontrado la salvación a través del conocimiento te traerán curación y nuevas fuerzas, y tu entorno se organizará de nuevo por sí mismo de una forma saludable.

El tejón conoce los caminos hacia tu subconsciente; te anima a que tomes plena responsabilidad sobre ti, tanto de las sombras como de la luz, y no vuelvas a hacer responsables a otros de las cosas que no funcionan en tu vida. Cuando tomas las riendas de tu vida, adquieres el poder para cambiarla.

El tejón conoce los caminos curativos de la naturaleza. Te conduce a través de las plantas espirituales adecuadas, los árboles y fuentes que te dan fuerzas para que puedas activar tus poderes autocurativos. Te anima a que te adentres en la naturaleza y encentres la verdadera curación a través de la percepción y el autoconocimiento.

Afirmación
«Activo mi poder de autocuración. El camino hacia la curación aparece ante mí cada vez con más claridad e intensidad. ¡Ahora!».

59

Tigre
Ímpetu

Significado de la carta

Hay en ti un bravo poder. Desátalo. Aprende a conducirlo y a manejarlo. No dejes que los viejos patrones y costumbres te limiten. Acuérdate del poder creador que hay en ti y llévalo a la práctica. Descubre nuevamente el mundo que hay en ti. Hace falta valor y solidez; basta con reconocer cuándo es el momento de actuar.

Explicación

El tigre viene a tu vida para desafiarte a que enciendas el fuego que hay en ti. ¿Qué ha sido de tu fuego interno? ¿Cómo está respecto a tu poder creador? ¿Cómo expresas tu poder? ¿Cómo lo percibes y de qué forma lo deseas? ¿Cómo y para qué lo empleas?

El tigre te enseña el autoaprendizaje. Te deja que encuentres en ti el fuego de la creación y la llama eterna. Puede que fueran sepultados, enterrados o sustituidos por otros poderes de forma que tu luz no puede brillar correctamente. Sin embargo, en el tigre tienes un aliado poderoso y fiero que te ayuda a avivar ese fuego poderoso y eterno, a dominar su poder y a utilizarlo de forma correcta.

Ocúpate del fuego que hay en ti. Aprende a conocerlo, a avivarlo y a emplearlo con sentido. Dispones de una autoridad natural; Dios te la ha dado. Recuérdalo. Cuando estás con tu poder ya no hace falta que tengas en cuenta los límites y los posibles daños. No tienes nada, pero tampoco nada que temer. Tu fuerza interior es la mejor protección. Al encender el fuego interior llega la curación.

Afirmación

«Enciendo el fuego que hay en mí y lo dirijo hacia mi bienestar y el de todos. El fuego que hay en mí me cura y fortalece».

60

Tortuga
Meditación, retiro

Significado de la carta

Has comenzado tu camino y sigues según tu plan. Estás protegido por un escudo y el poder de la lentitud te acompaña. Eres como una isla. Reflexiona una y otra vez sobre ti. Date tiempo para tomar las decisiones que debas. Cuando sepas lo que quieres, sigue constantemente tu camino.

Explicación

Hay muchas tentaciones a lo largo de nuestro camino. A menudo vamos de aquí para allá. ¿Debería hacer esto o aquello? Apenas creemos haber dado con la respuesta, aparece alguien con una propuesta mejor. La constante inseguridad y las desavenencias internas son nuestros peligros.

La tortuga emerge en el océano de tu vida para que tú mismo puedas ser una isla, un refugio, una patria. Tu lugar está en ti mismo. Conviértete en un lugar de retiro y acogida en el que puedas encontrar respuestas que sean buenas para ti y te den seguridad.

La tortuga padrina te recuerda que la vida está sujeta a un ritmo que todos los seres siguen. Inspirar, espirar, día, noche, marea alta, marea baja, despertar, dormir. Ve un poco más despacio y, al final, llegarás antes a tu camino. Cuando haya algo en tu vida que exija tu atención, retírate y date tiempo hasta que estés seguro de tu decisión. No hace falta que reacciones siempre inmediatamente, también puedes dar tu respuesta al día siguiente. Lo que deba ser seguirá ahí, lo que no forme parte de ti puede irse. Muchas cosas muestran su verdadera cara, su verdadero propósito con calma y tiempo. La tortuga te trae confianza, equilibrio interior y la justa medida.

Afirmación

«La respuesta está en mí. Estoy protegido, atendido y seguro. En la tranquilidad yace el poder».

61

Unicornio

Sinceridad

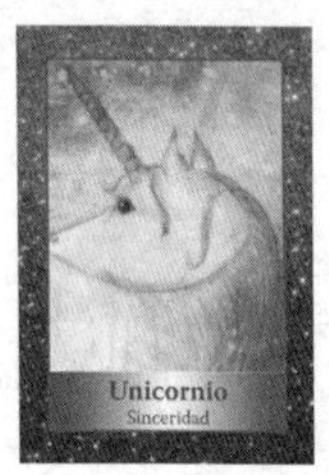

Significado de la carta

¿Cuándo no eres sincero? ¿Cuándo dices «sí», a pesar de que en tu corazón sientes un «no»? La bendición dorada y la gracia divina te han sido enviadas mediante el encuentro con el unicornio en la unión entre el cielo y la tierra. Utiliza los poderes para conducirlas de nuevo a su origen. El cambio está ante ti.

Explicación

El unicornio te trae los recuerdos de tu origen, de tu patria espiritual en la luz. Eres hijo de la luz y del amor. Tienes abierta la puerta hacia tu alma, y este poder ha entrado en tu campo de energía para volver a su estado luminoso original. El poder de sus facultades mágicas te ayuda a cambiar el karma, las lacras y las malas predisposiciones y a elevarte de nuevo hacia la luz resplandeciente.

El unicornio te da conocimientos, conexión con tu verdadero hogar y te exige vivir en tu corazón incondicionalmente. Se fiel a ti mismo y no traiciones a tu alma cuando tomes parte en algo, aunque no se corresponda con tus verdaderos sentimientos. Los verdaderos contactos permanecerán ahí y harás nuevos. El camino de tu corazón en armonía con tu ser elevado te reportará a ti y a los demás una gran bendición. El cambio está ante ti. Tu verdadera misión en la vida espera a ser cumplida. Ofrécesela al mundo.

Afirmación

«El potencial de mi alma se abre ante mí. Siento la verdad en mi corazón. Lo divino se ofrece a través de mí. ¡Ahora!».

62

Vaca

Abundancia, providencia

Significado de la carta

La diosa de la fortuna vierte su cuerno sobre ti. Se aproxima una gran bendición. Una auténtica marea llega hasta a tu vida. Lo has conseguido: ¡el cambio está ahí! La gran diosa te acuna en sus brazos y te provee de todo lo que necesitas.

Explicación

La fuente divina te alimenta y abastece. Ella siempre está ahí y en ti has encontrado la puerta hacia ella. Ahora, comienza a fortalecer tu conexión con la fuente eterna dedicando todo los días un tiempo para acudir a ella. Hay muchos caminos. Elige aquel que sea bueno para ti.

Cuando una vaca entra en tu campo es una señal de que has encontrado la conexión con tu maravilloso potencial creador. Ella te conduce hacia las praderas de tu interior. Allí puedes descansar y digerir concienzudamente todo lo que has vivido hasta ahora, tomar fuerzas y sentir la corriente de la fuente, fortalecerla y cimentarla.

Es hora de dar y tomar. Es suficiente con que conserves y honres lo que has conseguido hasta ahora y examines lo que has ganado en tu vida. ¿Qué necesitas para tu bienestar? ¿Qué es para ti la felicidad? ¿Cómo es ese estado para ti? Disfruta de la corriente de la providencia y no olvides compartirla*. Tienes la cualidad de alimentar a los demás, de inspirarles y darles suerte, amor, luz y alegría.

63

Zorro

Autoconocimiento

Significado de la carta

Ahora podemos superar una decepción. Las viejas heridas quieren ser atendidas y curadas en una ambiente seguro. Tu poder de autocuración se activa. Retírate y forja tu suerte al margen de los caminos convencionales. Dentro de ti ha nacido una luz incomparable.

Explicación

¿Te suena de algo? Tienes la sensación de ser invisible, de que para muchos no eres más que aire; nadie escucha tus deseos ni tus verdaderas necesidades. Hay algo que falta en tu vida. Siempre buscando allá donde te lleve el camino, ¿qué será lo siguiente? Corres agazapado de aquí para allá, sobrevives más que vivir, y tratas de convertirte de algún modo en una pieza del enorme todo.

El zorro te lleva frente al espejo de tu alma. Estate contento con lo que tienes hasta ahora. Estás surtido. No mires a los demás; no te midas ni compares con ellos. Eres único, maravilloso, y tienes un destino propio. Céntrate en ti. Escúchate y date lo que ahora necesitas y siempre has deseado.

En la zorrera, en la guarida, en el retiro, en tu interior nacerá la luz de tu autorreconocimiento. Ahí encuentras la seguridad, la fuerza, la respuesta y la fuente que hay en ti, y tu verdadera energía podrá desarrollarse. Las viejas heridas y decepciones pueden observarse con tranquilidad y ser curadas. Empiezas a forjar tu suerte.

Afirmación
«Descanso en mi corazón y hago aquello que hay que hacer ahora».

64
Carta en blanco
Todo es posible

Significado de la carta

Todo es abierto, vasto e infinito. Estás protegido por poderes maravillosos que te rodean. Conecta con ellos. Ellos te envían fuerza y sabiduría para cualquier situación, te dan el consejo oportuno y te conducen para que actúes de forma adecuada. Tu poder desea aumentar y brillar al margen de este mundo. Despierta tu otra cara, tu naturaleza espiritual.

Explicación

Este campo está abierto de par en par para tu animal de poder. Puede ser que no sea ninguno de los animales que hay en este set. Si lo conoces es que has sido llamado a conectar con su poder, y si no lo conoces deberías hacerlo. También puede ser que un nuevo animal de poder quiera mostrarse en tu vida; él te ayudará en esta fase de tu vida. Para ello hacen falta tranquilidad, tiempo, silencio y vacío. Un recipiente vacío puede contener, un espíritu tranquilo puede escuchar.

Te acompañan y protegen fuerzas protectoras que te rodean. ¿Estás preparado para experimentarlas? Mira con atención a tu alrededor. ¿Puedes ver algún animal? Si cierras los ojos y te concentras, ¿Qué se te aparece de forma espontánea? ¿Qué cualidades tiene? ¿Qué poder podría aportarte? Dentro de ti están todas las respuestas a tus preguntas.

También puedes viajar al son del tambor para encontrar a tu animal de poder. Para ello, hazte con una habitación en la que puedas esta un tiempo sin ser molestado. Ruega por encontrarte con tu animal de poder. Pon un CD con música de tambor que sea homogénea (p. ej. Michael Reimann: Trance-Trommel Vol.1 o Vol.2). Imagínate una entrada hacia el submundo que también conozcas en la realidad: una fuente, un árbol, cuyas raíces te conduzcan hacia abajo, una sima o un lago. Ahora imagínate cómo llegas a un submundo a través de un túnel. Llama a tu animal. Normalmente, se muestra desde entre tres y cuatro lados distintos. Pregúntale qué poder trae para ti. Dale las gracias. Luego, regresa al aquí y al ahora; siente tu cuerpo, estírate y abre los ojos.

Afirmación
«Me abro al poder que hay en mí. Ahora ilumina, brilla y reluce alrededor de todo mi ser».

Autora & Ilustrador

Jeanne Ruland (1966), es escritora y asesora personal formada en chamanismo. Descubrió ya de muy joven la guía e inspiración del Reino Invisible y con ello la increíble fuerza y plenitud que la vida tiene preparada para los humanos. Esto es lo que quiere transmitir a los demás a través de su obra. Además, imparte seminarios y charlas sobre distintos temas *(www.shantila.de)*. Es autora de varios libros y kits de gran éxito editorial.

Murat Karaçay (1964), es dibujante y fotógrafo. Desde hace muchos años se ocupa visualmente de temas espirituales que abarcan desde el budismo hasta el chamanismo, tanto por motivos profesionales como personales. Un ejemplo de su extraordinaria creatividad son las sobrecubiertas de la editorial *Schirner Verlag*, que ha venido desarrollando desde 1998.

Jeanne Ruland y Murat Karaçay viven juntos con sus hijos Silva, Samuel y Keanu en Darmstadt.